轨道交通职业技能等级认定指导丛书

货车检车员

（实 作）

轨道交通职业技能等级认定指导丛书编委会　编

北京交通大学出版社
·北京·

内 容 简 介

为了适应国家新形势下的职业技能等级认定改革工作，国能铁路装备有限责任公司根据《中华人民共和国职业分类大典》、《货车检车员国家职业标准》、职业技能鉴定国家题库开发相关技术规程，以及铁路行业的有关规程规章等要求，并结合现场检修及运用的实际情况，组织编写了"轨道交通职业技能等级认定指导丛书"。本书为《货车检车员（实作）》，通过挖掘货车检车员岗位的工艺标准来展现技能操作项目，各操作项目包含了准备通知单、技能操作试题、配分及评分标准等三部分内容。为满足"学员自学"的需求，在编写过程中，本书重点突出"以学员为核心"的理念，站在学员的角度去思考问题，通过图文并茂的形式，详细叙述了各步骤的操作流程，特别是量具的使用手法和卡夹位置，使用图片展示，基本能达到学员一看就懂、一学就会的学习目的。

图书在版编目（CIP）数据

货车检车员：实作 / 轨道交通职业技能等级认定指导丛书编委会编；韩宇，麻中伟主编. —北京：北京交通大学出版社，2024.3
ISBN 978-7-5121-5191-8

Ⅰ. ① 货… Ⅱ. ① 轨… ② 韩… ③ 麻… Ⅲ. ① 铁路车辆–货车–车辆检修–职业技能–鉴定–教材 Ⅳ. ① U279.3

中国国家版本馆 CIP 数据核字（2024）第 050570 号

货车检车员（实作）
HUOCHE JIANCHEYUAN（SHIZUO）

责任编辑：张利军
出版发行：北京交通大学出版社　　　　　　　电话：010–51686414　　http://www.bjtup.com.cn
地　　址：北京市海淀区高梁桥斜街 44 号　　邮编：100044
印 刷 者：北京鑫海金澳胶印有限公司
经　　销：全国新华书店
开　　本：185 mm×260 mm　　印张：11.25　　字数：281 千字
版 印 次：2024 年 3 月第 1 版　　2024 年 3 月第 1 次印刷
定　　价：49.00 元

本书如有质量问题，请向北京交通大学出版社质监组反映。对您的意见和批评，我们表示欢迎和感谢。
投诉电话：010-51686043，51686008；传真：010-62225406；E-mail：press@bjtu.edu.cn。

前　言

为深入贯彻落实党的二十大精神，以及国务院决策部署，积极响应人力资源社会保障部提出的建立职业技能等级制度，国能铁路装备有限责任公司坚持创新意识，勇于开拓，牢记国家能源投资集团有限责任公司"三型五化，七个一流"的总体战略部署，紧密联系"聚集一个目标、担负两在使命、建强五大体系、强化六大保障"的发展战略，创新建立科学的职业技能等级认定体系，促进各类人才脱颖而出，让广大从业人员更好地施展创新才能。

随着铁路自备货车的技术装备现代化实现重大跨越，车辆重载提速和新型货车配套技术等方面达到了国内先进水平。尤其是国能铁路装备有限责任公司在"神华重载铁路货车状态检修成套技术研究及装备研制"的项目课题方面取得初步成效，为铁路修程修制带来革命性变化，填补了货车行业状态修的空白，在状态一修、状态二修、状态三修、状态四修的铁路货车修程修制改革和运行中，走在了国内前列。2016年以来，国能铁路装备有限责任公司为适应国家新形势下的职业技能等级认定改革工作，提前预想，未雨绸缪，积极部署技能等级认定题库开发工作，根据《中华人民共和国职业分类大典》、《货车检车员国家职业标准》、职业技能鉴定国家题库开发相关技术规程和铁路行业的有关规程规章等要求，并结合检修及运用的实际情况，组织编写了轨道交通职业技能等级认定指导丛书。

本丛书涵盖铁路货车方向铁路车辆制动钳工、铁路车辆钳工、货车检车员、轮轴装修工4个工种，每个工种分为理论和实作两个分册。理论分册通过试题形式展现知识要点，题型包括单选题、多选题、判断题；实作分册通过挖掘各岗位的工艺标准展现技能操作项目，各操作项目包含了准备通知单、技能操作试题、配分及评分标准等三部分内容。为满足"学员自学"的迫切需求，技能操作试题部分在开发过程中，重点突出"以学员为核心"的理念，努力站在学员的角度去思考问题，通过图文并茂的形式，详细叙述各步骤的操作流程，特别是量具的使用手法和卡夹位置等，尽量使用图片展示，基本能达到学员一看就懂、一学就会的学习目的。

本丛书由国能铁路装备有限责任公司组织成立编委会编写而成，是国家能源投资集团有限责任公司旗下各单位组织认定前的培训用书和申请认定人员的自学、自测必备用书，对各单位技能大赛和岗前培训等也有重要的参考价值。本丛书在编写过程中得到了国家能源投资集团有限责任公司技能鉴定指导中心的大力支持，也得到了榆林、肃宁、包头、沧州、准格尔分公司等单位的协助，在此表示衷心的感谢！

本书是货车检车员培训教材的实作分册，既可作为货车检车员岗位培训用书，也可供相关人员自学使用。本书参加编写人员有：麻中伟、邓琼、梁小红、王旭、王鑫、吴宏、马景峰、王磊。

由于铁路改革和发展进程较快，本丛书难免存在遗漏和不足之处，敬请各使用单位和广大读者批评、指正，以便进一步修订、完善。

编　者

2023 年 11 月

目　录

第一章　中级工货车检车员操作项目

第一节　单车技术检查

职业（工种）名称：货车检车员　　　　试题编码：623010201AAA00140901X

考核项目：单车技术检查　　　　　　　等级：中级工

命题人：　　　　　　　　　　　　　　审核人：

复核人（审定阶段）：

一、准备通知单

（一）材料准备

序号	名称	规格	数量	备注
1	通用敞车	C_{64} 型或 C_{70} 型	1辆	

（二）工具准备

序号	名称	规格	数量	备注
1	防护红旗	360 mm×500 mm	1面	
2	检车锤		1把	
3	千斤顶	20 t	1套	
4	活扳手	300 mm	1把	
5	管钳	450 mm	2把	
6	手锤	1.35 kg	1把	

二、技能操作试题

（一）考核项目

单车技术检查。

（二）分值

100分。

（三）考核时间

（1）准备时间：1 min。

（2）正式操作时间：5 min。

（3）规定时间内完成不扣分；每超过规定时间 7.5 s 扣 1 分，不足 7.5 s 不计算；作业时间超过规定时间 50%全项失格；节约时间不加分。

（四）操作要求及技术标准

1. 作业流程示意图

图 1-1 为"两跨、一俯、两探"作业示意图。

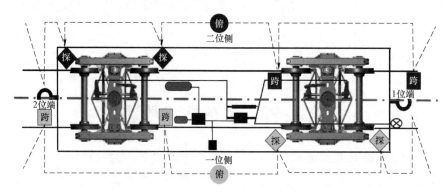

图 1-1　"两跨、一俯、两探"作业示意图

由 2 位端经一位侧到 1 位端检查。图 1-2 为"两跨、一俯、两探"作业流程示意图。

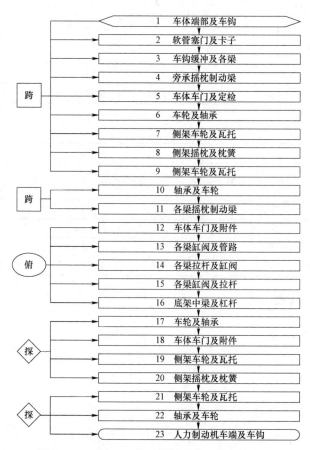

图 1-2　"两跨、一俯、两探"作业流程示意图

2. 作业程序及技术标准

1）车体端部及车钩

（1）身体动作：左脚跨进钢轨，目视检查。

（2）检查顺序：角柱→上端梁→横带→端墙板→端梁→绳栓→冲击座→钩体。

（3）质量标准：角柱无裂损，敞车上端梁、端梁无折断；空车墙板破损或腐蚀穿孔不超限；车体外胀不超限；冲击座无破损，冲击座铆钉无折断、丢失；钩体无裂损，互钩差不超限。

2）软管塞门及卡子

（1）身体动作：俯身，目视检查。

（2）检查顺序：折角塞门卡子→折角塞门→制动软管。

（3）质量标准：折角塞门卡子螺母无松动、丢失；折角塞门无破损，手把位置正确、无丢失；编织制动软管总成（简称"制动软管"）无破损、丢失。

3）车钩缓冲及各梁

（1）身体动作：探身，目视检查。

（2）检查顺序：钩体下部→车钩下锁销组成→钩体支撑座含油尼龙磨耗板→支撑弹簧→一体式冲击座→钩体支撑座止挡铁拉铆销及套→钩身→钩尾销托梁→钩尾销托梁含油尼龙磨耗板→钩尾销托梁螺栓→前从板座→从板→缓冲器→钩尾框→安全托板→安全托板螺栓→钩尾框→缓冲器→钩尾框托板→钩尾框托板含油尼龙磨耗板→钩尾框托板螺栓→钩尾框→后从板座→中梁牵引部分→后从板座铆钉→前从板座铆钉→（锁紧螺帽）→（主管）→端梁→侧梁→枕梁→横梁→地板。

（3）质量标准：钩体、钩尾框、钩尾扁销托及钩尾销托梁无裂损，钩锁锁腿无折断；车钩托梁无裂损，钩体支撑座、钩尾框托板、钩尾销托梁、从板、缓冲器含油尼龙磨耗板无丢失，钩体支撑座止挡铁拉铆销及套无丢失，支撑弹簧无折断；从板、从板座、缓冲器、冲击座无破损，从板座铆钉无折断、丢失；车钩托梁螺栓及螺母无丢失，钩尾销托梁螺母无松动、丢失；钩尾扁销插托及安全吊架、安全托板及钩尾框托板螺母无松动、丢失，开口销无丢失；中梁、侧梁、端梁、枕梁、横梁无折断，空车地板破损或腐蚀穿孔不超限；主管无漏泄。

4）旁承摇枕制动梁

（1）身体动作：探身，目视检查。

（2）检查顺序：转向架内部以移动杠杆斜度分为左右两部分，按从右向左的顺序目视检查，（脱轨自动制动装置）→（连接管法兰及螺栓）→旁承→摇枕右半部分→心盘及心盘铆钉→枕簧（内侧）→侧架内侧→制动梁右半部分→安全链→安全索→制动梁支柱→制动梁支柱夹扣及螺栓→交叉支撑装置右半部分→移动杠杆→上拉杆圆销帽（圆销、开口销）→中拉杆拉铆销帽（圆销、套环）→制动梁支柱拉铆销帽（圆销、套环）→移动杠杆→摇枕左半部分→制动梁左半部分→安全链→安全索→交叉支撑装置左半部分→侧架内侧→枕簧（内侧）→旁承。

（3）质量标准：脱轨自动制动装置配件齐全，位置正确；双作用弹性等旁承配件齐全、无破损，上旁承与下旁承体尼龙磨耗板无间隙，旁承滚子或JC-1旁承尼龙支撑板与上旁承不得接触，间隙旁承游间左右之和不超限；摇枕、侧架、心盘无裂损；上、下心盘铆钉（拉铆钉）及螺栓无折断，螺母无松动、丢失；摇枕弹簧无折断、窜出、丢失；制动梁梁架、撑杆、支柱无裂损，支柱夹扣螺母无丢失，支柱圆销无破损，闸瓦托铆钉无折断、丢失；制动梁安全链无折断、脱落、丢失，制动梁安全链卡子无折断；制动梁安装位置正确；上拉杆、中拉杆、制动梁支柱圆销（拉铆销）无折断、丢失，吊架无破损、脱落，各开口销（拉铆销套）齐全良好、位置正确；交叉支撑装置盖板及交叉杆体无变形、裂损、折断，安全索无折断、脱落、丢失；下拉杆下垂不超限；转 K4、转 K5 型转向架弹簧托板无裂损，折头螺栓无折断、丢失。

5）车体车门及定检

（1）身体动作：站立，目视检查。

（2）检查顺序：上侧梁→侧墙板→侧柱→下侧门→下侧门折页、圆销及座→下侧门扣铁及座→绳栓→定检→角柱→侧梁。

（3）质量标准：敞车上侧梁无折断；侧柱无裂损；车体倾斜或外胀不超限；车门无脱落及丢失；车门锁闭装置配件齐全、无破损，绳栓无破损、丢失；空车定检不过期；空车墙板、门板破损或腐蚀穿孔不超限；车门折页及座无折断，圆销、开口销无丢失；侧梁无折断，下垂不超限。

6）车轮及轴承

（1）身体动作：蹲身，目视检查。

（2）检查顺序：车轮顶部由上向下至轮轨结合处之间车轮部分→侧架内侧→承载鞍内侧→轴承内侧→侧架外侧→侧架导框弯角处→轴箱橡胶垫→承载鞍外侧→轴承→轴承挡键。

（3）质量标准：车轮轮缘厚度符合规定，轮缘垂直磨耗、内侧缺损不超限；踏面擦伤、剥离、凹陷、缺损、圆周磨耗不超限；轮辋厚度符合规定；侧架无裂损；轴箱橡胶垫中间橡胶与上、下层板无错位；承载鞍无裂损、错位；转 K2 型转向架侧架导框纵向与滚动轴承外圈无接触，承载鞍顶面无金属碾出；消除热轴故障；滚动轴承无甩油，外圈、前盖无裂损，密封罩及轴端螺栓无脱出；轴承挡键无丢失，螺母无松动、丢失。

7）侧架车轮及瓦托

（1）身体动作：俯身，目视检查。

（2）检查顺序：车轮→闸瓦及瓦托铆钉→闸瓦插销及环→侧架→侧架三角孔内外侧面的弯角处→制动梁支柱及夹扣、螺栓→中拉杆拉铆销→侧架立柱磨耗板折头螺栓→交叉杆支撑座→交叉杆端部螺栓及防松垫止耳→车轮。

（3）质量标准：车轮轮缘垂直磨耗、内侧缺损不超限，车轮轮缘厚度、轮辋厚度符合规定；踏面擦伤、剥离、凹陷、缺损、圆周磨耗不超限；闸瓦及闸瓦插销无折断、丢失，闸瓦磨耗不超限，闸瓦插销正位，闸瓦插销环无丢失；制动梁安装位置正确；闸瓦托铆钉无折断、丢失；侧架无裂损；侧架立柱磨耗板折头螺栓无折断、丢失；支撑座无破损，交叉杆端部螺栓无松动、丢失，防松垫止耳无折断。

8）侧架摇枕及枕簧

（1）身体动作：站立、俯身，目视检查。

（2）检查顺序：侧柱、车门→旁承→侧架上弦梁→侧架立柱磨耗板→斜楔及主摩擦板→摇枕斜楔摩擦面磨耗板→摇枕端部→枕簧及减振弹簧→侧架立柱磨耗板→斜楔及主摩擦板→

摇枕斜楔摩擦面磨耗板→侧架弹簧承台各弯角→侧架外侧及下平面。

（3）质量标准：侧架、摇枕无裂损；侧架立柱磨耗板、斜楔及主摩擦板无破损、窜出、丢失；侧架立柱磨耗板折头螺栓、铆钉无折断、丢失；摇枕斜楔摩擦面磨耗板无窜出；摇枕及减振弹簧无折断、窜出、丢失；转 K4、K5 型转向架弹簧托板无裂损，折头螺栓无折断、丢失；垂下品与轨面水平线垂直距离不超限。

9）侧架车轮及瓦托

（1）身体动作：俯身，目视检查。

（2）检查顺序：车轮→闸瓦及瓦托铆钉→闸瓦插销及环→侧架→侧架三角孔内外侧面的弯角处→（横跨梁及安装螺栓）→制动梁支柱及夹扣、螺栓→中拉杆拉铆销→侧架立柱磨耗板折头螺栓→交叉杆支撑座→交叉杆端部螺栓及防松垫止耳→车轮。

（3）质量标准：车轮轮缘垂直磨耗、内侧缺损不超限，车轮轮缘厚度、轮辋厚度符合规定；踏面擦伤、剥离、凹陷、缺损、圆周磨耗不超限；闸瓦及闸瓦插销无折断、丢失，闸瓦磨耗不超限，闸瓦插销正位，闸瓦插销环无丢失；制动梁安装位置正确；闸瓦托铆钉无折断、丢失；侧架无裂损；侧架立柱磨耗板折头螺栓无折断、丢失；支撑座无破损，交叉杆端部螺栓无松动、丢失，防松垫止耳无折断。

10）轴承及车轮

（1）身体动作：蹲身，目视检查。

（2）检查顺序：侧架外侧→侧架导框弯角处→轴箱橡胶垫→承载鞍外侧→轴承→轴承挡键→侧架内侧→承载鞍内侧→轴承内侧→车轮顶部由上向下至轮轨结合处之间车轮部分。

（3）质量标准：侧架无裂损；轴箱橡胶垫中间橡胶与上、下层板无错位；承载鞍无裂损、错位；转 K2 型转向架侧架导框纵向与滚动轴承外圈无接触，承载鞍顶面无金属碾出；消除热轴故障；滚动轴承无甩油，外圈、前盖无裂损，密封罩及轴端螺栓无脱出；轴承挡键无丢失，螺母无松动、丢失；车轮轮缘厚度符合规定，轮缘垂直磨耗、内侧缺损不超限；踏面擦伤、剥离、凹陷、缺损、圆周磨耗不超限；轮辋厚度符合规定。

11）各梁摇枕制动梁

（1）身体动作：右脚跨进钢轨，探身，目视检查。

（2）检查顺序：转向架内部以固定杠杆斜度分为左右两部分，按从右向左的顺序目视检查旁承→摇枕右半部分→心盘及心盘铆钉→（上拉杆托架滚轴及开口销）→（横跨梁右半部分及座）→内侧枕簧→侧架内侧→制动梁右半部分→安全链→安全索→制动梁支柱、夹扣及螺栓→交叉支撑装置右半部分→固定杠杆→制动梁支柱拉铆销帽（拉铆销及套环）→中拉杆拉铆销帽（拉铆销及套环）→固定杠杆圆销帽（圆销、开口销）→链蹄环拉铆销及套→固定杠杆支点座拉铆销帽（拉铆销及套环）→心盘及心盘铆钉→摇枕左半部分→传感阀→（横跨梁左半部分及座）→制动梁左半部分→安全链→安全索→交叉支撑装置左半部分→侧架内侧→枕簧（内侧）→旁承→侧梁内侧→横梁→中梁→枕梁→地板→（脱轨自动制动装置）→（主管法兰及螺栓、卡子及螺栓）→（连接管法兰及螺栓、卡子及螺栓）→球阀。

（3）质量标准：中梁、侧梁、枕梁、横梁无折断；地板破损或腐蚀穿孔不超限；摇枕、侧架、心盘无裂损；中、侧梁下垂不超限；上、下心盘铆钉（拉铆钉）及螺栓无折断，螺母无松动、丢失；间隙旁承、双作用弹性等旁承配件齐全、无破损，上旁承与下旁承体尼龙磨耗板无间隙，旁承滚子或 JC-1 旁承尼龙支撑板与上旁承不得接触，间隙旁承游间左右之和不超限；横跨梁及座无折断，螺母及开口销无丢失，传感阀无破损；脱轨自动制动装置配件齐全、位置正确；摇枕弹簧无折断、窜出、丢失；交叉支撑装置盖板及交叉杆体无变形、裂损、折断，安全索无折断、脱落、丢失；转 K4、转 K5 型转向架弹簧托板无裂损，折头螺栓无折断、丢失；制动梁梁架、撑杆、支柱无裂损，支柱夹扣螺母无丢失，支柱圆销无破损，闸瓦托铆钉无折断、丢失；制动梁安全链无折断、脱落、丢失，制动梁安全链卡子无折断；制动梁安装位置正确；中拉杆、制动梁支柱、固定杠杆各圆销（拉铆销）无折断、丢失，吊架无破损、脱落，开口销（拉铆销套）齐全良好、位置正确；下拉杆下垂不超限。

12）车体车门及附件

（1）身体动作：站立，目视检查。

（2）检查顺序：上侧梁→侧墙板→下侧门→下侧门折页、圆销及座→下侧门扣铁及座→绳栓→侧梁→侧柱。

（3）质量标准：敞车上侧梁无折断；侧柱无裂损；车体倾斜或外胀不超限；车门无脱落及丢失；空车墙板、门板破损或腐蚀穿孔不超限；车门折页及座无折断，圆销、开口销无丢失；车门锁闭装置配件齐全、无破损，绳栓无破损、丢失；侧梁无折断，下垂不超限。

13）各梁缸阀及管路

（1）身体动作：俯身，目视检查。

（2）检查顺序：

① 车辆一位侧检查顺序：中梁→侧梁→横梁→地板→双室风缸及吊架螺栓→连接管法兰及螺栓→连接管卡子及螺栓→组合式集尘器→截断塞门手把→120 控制阀及吊架、连接管法兰及螺栓→半自动缓解阀拉杆、开口销及吊架。

② 车辆二位侧检查顺序：侧梁→横梁→中梁→地板→主管法兰及螺栓→主管卡子及螺母→上拉杆及吊架→车号自动识别标签及座。

（3）质量标准：中梁、侧梁、横梁无折断；中、侧梁下垂不超限；地板破损或腐蚀穿孔不超限；空气制动机作用良好，加速缓解风缸、容积风缸等缸体及吊架无裂损、脱落，吊架螺母无丢失；制动阀吊架螺母无松动、丢失；制动主管、支管、连接管无漏泄，卡子及螺母、法兰螺母无丢失；截断塞门等塞门无破损，塞门手把无丢失；组合式集尘器、缓解阀无破损、丢失；缓解阀拉杆及吊架无破损、脱落；上拉杆圆销（拉铆销）无折断、丢失，吊架无破损、脱落，开口销（拉铆销套）齐全良好、位置正确；铁路货车车号自动识别标签无失效（无 AEI 复示终端的列检作业场除外）、丢失；闸瓦间隙调整器无破损。

14）各梁拉杆及缸阀

（1）身体动作：俯身，目视检查。

（2）检查顺序：

① 车辆一位侧检查顺序：中门→中门折页、圆销及座→中门锁闭装置→绳栓→侧柱→侧墙板→下侧门→下侧门折页、圆销及座→下侧门扣铁及座→绳栓→侧梁→横梁→中梁→纵向梁→地板→限压阀→限压阀连接管、法兰及螺栓→制动缸后杠杆支点吊架→制动缸后杠杆、拉铆销及套→制动缸连接管、法兰及螺栓→制动缸连接管卡子及螺母→闸瓦间隙调整器、拉铆销及套、吊架。

② 车辆二位侧检查顺序：中门→中门折页、圆销及座→中门锁闭装置→绳栓→侧柱→侧墙板→下侧门→下侧门折页、圆销及座→下侧门扣铁及座→绳栓→侧梁→横梁→中梁→纵向梁→地板→主管卡子→制动缸前杠杆吊架→制动缸前杠杆→控制杆拉铆销及套→闸瓦间隙调整器→闸瓦间隙调整器前拉杆拉铆销及套→上拉杆拉铆销及套→闸瓦间隙调整器吊架→制动缸后杠杆吊架→制动缸后杠杆→闸瓦间隙调整器后推杆拉铆销及套→上拉杆拉铆销及套。

（3）质量标准：中梁、侧梁、横梁、纵向梁无折断；中、侧梁下垂不超限；地板破损或腐蚀穿孔不超限；制动主管、支管、连接管无漏泄，卡子及螺母、法兰螺母无丢失；空重车自动调整装置限压阀、调整阀、传感阀等无破损；制动阀吊架螺母无松动、丢失；制动缸无脱落，吊架无裂损，螺母无松动、丢失；空气制动机作用良好，制动缸活塞行程符合规定；闸瓦间隙调整器无破损；上拉杆圆销（拉铆销）无折断、丢失，吊架无破损、脱落，开口销（拉铆销套）齐全良好、位置正确。

15）各梁缸阀及拉杆

（1）身体动作：俯身，目视检查。

（2）检查顺序：

① 车辆一位侧检查顺序：车门、侧柱→侧梁→横梁→中梁→地板→制动缸→制动缸吊架螺栓→制动缸前杠杆吊架→制动缸前杠杆→控制杠杆→制动缸活塞推杆圆销、开口销→人力制动机拉链、圆销及开口销→人力制动机拉杆、吊架、圆销及开口销。

② 车辆二位侧检查顺序：车门、侧柱→侧梁→横梁→中梁→地板→半自动缓解阀拉杆及吊架→主、支管及法兰螺栓→截断塞门手把→副风缸连接管及法兰螺栓→副风缸吊架螺栓→副风缸→上拉杆吊架。

（3）质量标准：中梁、侧梁、横梁无折断；中、侧梁下垂不超限；空车地板破损或腐蚀穿孔不超限；制动缸无脱落，吊架无裂损，螺母无松动、丢失；制动阀吊架螺母无松动、丢失；制动主管、支管、连接管无漏泄，卡子及螺母、法兰螺母无丢失；副风缸等缸体及吊架无裂损、脱落，吊架螺母无丢失；制动缸推杆、控制杠杆、制动缸前杠杆、人力制动拉杆、缓解阀拉杆、上拉杆圆销（拉铆销）无折断、丢失，吊架无破损、脱落，各开口销（拉铆销套）齐全良好、位置正确；截断塞门无破损，手把无丢失；铁路货车车号自动识别标签无失效（无 AEI 复示终端的列检作业场除外）、丢失；人力制动机配件齐全，无破损、脱落。

16）底架中梁及杠杆

（1）身体动作：探身，目视检查。

（2）检查顺序：中梁→枕梁→侧梁→横梁→地板→（人力制动机拉杆及吊架）→连接管及法兰、卡子、螺栓→（脱轨自动制动装置）→固定杠杆支点座拉铆销帽→链蹄环拉铆销及套环→固定杠杆圆销帽（圆销、开口销）→中拉杆拉铆销帽（拉铆销及套）→制动梁支柱拉铆销帽（拉铆销及套）。

（3）质量标准：中梁、枕梁、侧梁、横梁无折断；中、侧梁下垂不超限；地板破损或腐蚀穿孔不超限；人力制动机配件齐全，无破损、脱落；脱轨自动制动装置配件齐全，位置正确；上拉杆、固定杠杆支点座、固定杠杆、制动梁支柱圆销（拉铆销）无折断、丢失，吊架无破损、脱落，开口销（拉铆销套）齐全良好、位置正确；制动主管、连接管无漏泄，卡子及螺母、法兰螺母无丢失。

17）车轮及轴承

（1）身体动作：蹲身，目视检查。

（2）检查顺序：车轮顶部由上向下至轮轨结合处之间车轮部分→侧架内侧→承载鞍内侧→轴承内侧→侧架外侧→侧架导框弯角处→轴箱橡胶垫→承载鞍外侧→轴承→轴承挡键。

（3）质量标准：车轮轮缘厚度符合规定，轮缘垂直磨耗、内侧缺损不超限；踏面擦伤、剥离、凹陷、缺损、圆周磨耗不超限；轮辋厚度符合规定；侧架无裂损；轴箱橡胶垫中间橡胶与上、下层板无错位；承载鞍无裂损、错位；转 K2 型转向架侧架导框纵向与滚动轴承外圈无接触，承载鞍顶面无金属碾出；消除热轴故障；滚动轴承无甩油，外圈、前盖无裂损，密封罩及轴端螺栓无脱出；轴承挡键无丢失，螺母无松动、丢失。

18）车体车门及附件

（1）身体动作：站立，目视检查。

（2）检查顺序：上侧梁→侧柱→侧墙板→下侧门→下侧门折页、圆销及座→下侧门扣铁及座→绳栓→侧柱→侧墙板→下侧门→下侧门折页、圆销及座→下侧门扣铁及座→绳栓。

（3）质量标准：敞车上侧梁无折断；侧柱、角柱无裂损；车体倾斜或外胀不超限；侧梁无折断，下垂不超限；车门无脱落及丢失；空车墙板、门板破损或腐蚀穿孔不超限；车门折页及座无折断，圆销、开口销无丢失；车门锁闭装置配件齐全、无破损，绳栓无破损、丢失。

19）侧架车轮及瓦托

（1）身体动作：俯身，目视检查。

（2）检查顺序：车轮→闸瓦及瓦托铆钉→闸瓦插销及环→侧架→侧架三角孔内外侧面的弯角处→侧架立柱磨耗板折头螺栓→交叉杆支撑座→交叉杆端部螺栓及防松垫止耳→车轮。

（3）质量标准：车轮轮缘垂直磨耗、内侧缺损不超限，车轮轮缘厚度、轮辋厚度符合规定；踏面擦伤、剥离、凹陷、缺损、圆周磨耗不超限；闸瓦及闸瓦插销无折断、丢失，闸瓦磨耗不超限，闸瓦插销正位，闸瓦插销环无丢失；闸瓦托铆钉无折断、丢失；侧架无裂损；侧架立柱磨耗板折头螺栓无折断、丢失；支撑座无破损，交叉杆端部螺栓无松动、丢失，防松垫止耳无折断。

20）侧架摇枕及枕簧

（1）身体动作：俯身，目视检查。

（2）检查顺序：侧柱、旁承、车门→侧架上弦梁→侧架立柱磨耗板→斜楔及主摩擦板→摇枕斜楔摩擦面磨耗板→摇枕端部→枕簧及减振弹簧→侧架立柱磨耗板→斜楔及主摩擦板→摇枕斜楔摩擦面磨耗板→侧架弹簧承台各弯角→侧架外侧及下平面。

（3）质量标准：侧架、摇枕无裂损；侧架立柱磨耗板、斜楔及主摩擦板无破损、窜出、丢失；侧架立柱磨耗板折头螺栓、铆钉无折断、丢失；摇枕斜楔摩擦面磨耗板无窜出；摇枕及减振弹簧无折断、窜出、丢失；转 K4、K5 型转向架弹簧托板无裂损，折头螺栓无折断、丢失；垂下品与轨面水平线垂直距离不超限。

21）侧架车轮及瓦托

（1）身体动作：俯身，目视检查。

（2）检查顺序：车轮→闸瓦及瓦托铆钉→闸瓦插销及环→侧架→侧架三角孔内外侧面的

弯角处→侧架立柱磨耗板折头螺栓→交叉杆支撑座→交叉杆端部螺栓及防松垫止耳→车轮。

（3）质量标准：车轮轮缘垂直磨耗、内侧缺损不超限，车轮轮缘厚度、轮辋厚度符合规定；踏面擦伤、剥离、凹陷、缺损、圆周磨耗不超限；闸瓦及闸瓦插销无折断、丢失，闸瓦磨耗不超限，闸瓦插销正位，闸瓦插销环无丢失；闸瓦托铆钉无折断、丢失；侧架无裂损；侧架立柱磨耗板折头螺栓无折断、丢失；支撑座无破损，交叉杆端部螺栓无松动、丢失，防松垫止耳无折断。

22）轴承及车轮

（1）身体动作：蹲身，目视检查。

（2）检查顺序：侧架外侧→侧架导框弯角处→轴箱橡胶垫→承载鞍外侧→轴承→轴承挡键→侧架内侧→承载鞍内侧→轴承内侧→车轮顶部由上向下至轮轨结合处之间车轮部分→角柱→侧梁→车梯扶手→脚蹬。

（3）质量标准：侧架无裂损；轴箱橡胶垫中间橡胶与上、下层板无错位；承载鞍无裂损、错位；转 K2 型转向架侧架导框纵向与滚动轴承外圈无接触，承载鞍顶面无金属碾出；消除热轴故障；滚动轴承无甩油，外圈、前盖无裂损，密封罩及轴端螺栓无脱出；轴承挡键无丢失，螺母无松动、丢失，车轮轮缘厚度符合规定，轮缘垂直磨耗、内侧缺损不超限；踏面擦伤、剥离、凹陷、缺损、圆周磨耗不超限；轮辋厚度符合规定；脚蹬、车梯扶手无破损，弯曲不超过车辆限界。

23）人力制动机车端及车钩

（1）身体动作：探身、站立，目视检查。

（2）检查顺序：中梁牵引部分→后从板座铆钉→钩尾框托板螺栓→安全托板螺栓→前从板座铆钉→枕梁→侧梁→端梁→横梁→地板→上拉杆圆销帽（拉铆销及套环）→中拉杆拉铆销帽（拉铆销及套环）→制动梁支柱拉铆销帽（拉铆销及套环）→（脱轨自动制动装置）→（人力制动机吊架）→（人力制动机拉杆及拉链）→（动、定滑轮拉铆销及套）→（人力制动机组成）→（脚踏板）→绳栓→钩提杆及座→钩提杆复位弹簧→钩体支撑座止挡铁拉铆销及套→一体式冲击座→支撑弹簧→钩体→车钩下锁销组成→车钩防跳插销及链→钩舌销及开口销→钩舌→角柱→上端梁→横带→墙板→首尾端部试验车钩三态作用。

（3）质量标准：枕梁、侧梁、端梁、横梁、中梁牵引部无折断，角柱无裂损；空车墙板、地板破损或腐蚀穿孔不超限；从板座铆钉无折断、丢失；上拉杆、中拉杆、制动梁支柱圆销（拉铆销）无折断、丢失，吊架无破损、脱落，开口销（拉铆销套）齐全良好、位置正确；连接管无漏泄，卡子及螺母、法兰螺母无丢失；脱轨自动制动装置配件齐全、位置正确；钩提杆及座配件齐全、无折断，钩提杆座无裂损，钩提杆复位弹簧无折断、丢失，钩提杆链松余量符合规定；钩体支撑座止挡铁拉铆销及套无丢失，支撑弹簧无折断；车钩防跳插销及吊链无丢失，插设良好；钩锁锁腿无折断，下锁销组成配件齐全、位置正确；冲击座无破损，冲击座铆钉无折断、丢失；安全托板及钩尾框托板螺母无松动、丢失，开口销无丢失；钩体、钩舌无裂损，钩舌销无折断、丢失，开口销无丢失；互钩差不超限；人力制动机配件齐全，无破损、脱落；车体外胀不超限；敞车上端梁无折断；车列首尾端部车钩三态作用试验良好。

三、配分及评分标准

职业（工种）名称：货车检车员　　　　　　　试题编码：**623010201AAA00140901X**
考核项目：单车技术检查　　　　　　　　　　等级：中级工

员工编号：　　　　姓名：　　　　操作时间：　　　　核分：

项目	配分	要求	考核内容及评分标准（各项分值扣完为止）	扣分	得分
时间	20分	5 min 内完成	每超时 7.5 s 扣 1 分，不足 7.5 s 不计算；节约时间不加分。		
安全	10分	按照安全作业操作规程作业	1. 未按规定穿戴劳动防护用品扣 5 分。 2. 作业中轻微受伤扣 5 分。 3. 安全防护信号未展开（卷起一圈即为未展开）、落地扣 2 分；忘撤安全防护信号扣 10 分。		
程序	10分	按照规定程序作业	1. 按规定插设安全防护信号。 2. 两端车钩应按规定检查开锁、闭锁和全开三态作用。 3. 按标准报出所发现故障的名称。 4. 作业完毕，撤除安全防护信号。 5. 顺序错、漏一步扣 5 分。 6. 检查步伐不熟练扣 3 分。 7. 未收拾工具，每件扣 2 分。		
质量	60分	符合运用车辆质量标准	1. 风管水压、定检未报，每次扣 2 分。 2. 钩托梁、缓冲托板、钩尾扁销螺栓、闸瓦插销等该敲的部位每漏敲一处扣 2 分。 3. 未确认定检日期，每侧扣 2 分；在车端检查未目测车体是否倾斜，每次扣 2 分。 4. 各阀体、集尘器、轴承外圈及前盖螺栓、闸瓦间隙调整器外体等不该敲的地方每敲一处扣 2 分。 5. 两端车钩未试验三态作用，每态扣 2 分；未口述车钩运用限度，每处扣 3 分。 6. 漏看一个台车扣 10 分。 7. 共设故障 10 处，每少发现一处故障扣 6 分，事后发现故障不算；发现故障名称表述不正确扣 3 分。 **故障发现情况：**		

故障编号	1	2	3	4	5	6	7	8	9	10
表述正确										
表述不正确										

合计 100 分			

否决项目	1. 未插设安全防护信号便开始作业全项失格（包括作业中信号落地且在作业结束前未重新插设）。 2. 发现故障不足 60% 全项失格。 3. 作业时间超过规定时间 50% 全项失格。 4. 作业中因出现碰破、出血、起泡、挤肿等而不能正常作业时全项失格。

考评员签字：＿＿＿＿＿＿＿　　　　　　　　　　　　＿＿＿＿＿年＿＿月＿＿日

第二节　车轮第四种检查器的使用

职业（工种）名称：货车检车员　　　　　试题编码：**623010201ABA00140901X**
考核项目：车轮第四种检查器的使用　　　等级：中级工
命题人：　　　　　　　　　　　　　　　审核人：
复核人（审定阶段）：

一、准备通知单

（一）材料准备

序号	名称	规格	数量	备注
1	轮对	RD$_2$、RE$_{2B}$	各 1 条	
2	草稿纸	A4	若干	
3	碳素笔		若干	
4	书写板夹		1 个	

（二）工具准备

序号	名称	规格	数量	备注
1	防护红旗	360 mm×500 mm	1 面	
2	车轮第四种检查器	LLJ-4A 或 LLJ-4B	1 把	
3	止轮器		4 个	

二、技能操作试题

（一）考核项目

车轮第四种检查器的使用。

（二）分值

100 分。

（三）考核时间

（1）准备时间：1 min。

（2）正式操作时间：5 min。

（3）规定时间内完成不扣分；每超过规定时间 7.5 s 扣 1 分，不足 7.5 s 不计算；作业时间超过规定时间 50% 全项失格；节约时间不加分。

（四）操作要求及技术标准

1. LLJ-4A 型车辆轮对检查器

1）测量功能

该检查器可测量：踏面圆周磨耗；轮缘厚度、垂直磨耗、高度；轮辋宽度、厚度；踏面

11

擦伤深度和长度、剥离深度和长度；车轮外侧碾宽。

2）结构形式

LLJ-4A 型车辆轮对检查器的构造如图 1-3 所示。

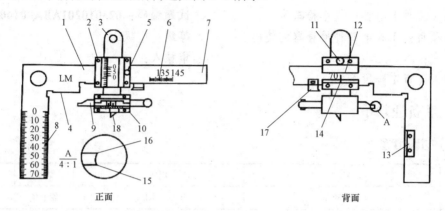

正面　　　　　　　　　　　　　　　　背面

1—主尺；2—踏面圆周磨耗测尺尺框；3—踏面圆周磨耗测尺；4—轮缘高度测量定位面；5—尺框紧固螺钉；6—轮辋宽度测尺；
7—止钉；8—轮辋厚度测尺；9—轮缘厚度测尺；10—轮缘厚度测尺尺框；11—踏面圆周磨耗测尺紧固螺钉；
12—滚动圆中心定位线；13—定位角铁；14—踏面圆周磨耗测尺尺框滚动圆定位线；15—轮缘厚度测头；
16—垂直磨耗测头；17—定位挡块；18—测头。

图 1-3　LLJ-4A 型车辆轮对检查器的构造

（1）主尺：为直角形，其垂直尺身（又称轮辋厚度测尺）正面刻有长度双刻线，水平尺身的背面刻有车轮滚动圆定位刻线、踏面圆周磨耗测尺和轮缘厚度测尺，通过踏面圆周磨耗测尺尺框与轮缘厚度测尺尺框组合在一起，从而形成整体的联动结构形式。

（2）踏面圆周磨耗测尺尺框：上有 -10～19 mm 刻线，分度值为 1 mm。

（3）踏面圆周磨耗测尺：上有 0～1 mm 刻线，分度值为 0.10 mm。

（4）轮缘高度测量定位面。

（5）尺框紧固螺钉：可将尺框在水平方向上定位。

（6）轮辋宽度测尺：上有 123～145 mm 刻线，分度值为 1 mm。

（7）止钉。

（8）轮辋厚度测尺：上有 0～75 mm 刻线，分度值为 1 mm。

（9）轮缘厚度测尺：上有 0～1 mm 刻线，分度值为 0.10 mm。

（10）轮缘厚度测尺尺框：上有 15～45 mm 刻线，分度值为 1 mm。

（11）踏面圆周磨耗测尺紧固螺钉：可将踏面圆周磨耗测尺在垂直方向上定位。

（12）滚动圆中心定位线：位于主尺背面。

（13）定位角铁：为保证检查器测量操作的稳定和数据的准确可靠，在轮辋厚度测尺的背面装有定位角铁。

（14）踏面圆周磨耗测尺尺框滚动圆定位线。

（15）轮缘厚度测头。

（16）垂直磨耗测头。

（17）定位挡块。

（18）测头。

3）使用方法

（1）踏面圆周磨耗测量。

① 将踏面圆周磨耗测尺尺框背面的滚动圆刻线与主尺背面的滚动圆刻线对正，拧紧踏面圆周磨耗测尺尺框紧固螺钉。

② 将检查器置于车轮上，并将垂直边和定位角铁紧靠于车轮内侧面，尺平面处于车轮直径方向。

③ 下推踏面圆周磨耗测尺，使其测头接触车轮踏面。

④ 读取踏面圆周磨耗测尺上刻线与踏面圆周磨耗测尺尺框刻线相重合的数值，此数值即为踏面圆周磨耗值。

测量范围：−5～10 mm；分度值：0.10 mm。

（2）轮缘厚度测量。

① 完成踏面圆周磨耗测量后，检查器不动，向左推动轮缘厚度测尺，使其测头接触轮缘。

② 读取轮缘厚度测尺上主刻线与轮缘厚度测尺尺框刻线相重合的数值，此数值即为轮缘厚度值。

测量范围：15～40 mm；分度值：0.10 mm。

（3）轮缘高度测量。

标准轮缘高度数值（27 mm）加上踏面圆周磨耗数值即为轮缘实际高度数值。

（4）轮缘垂直磨耗测量。

测量轮缘厚度的同时，如果垂直磨耗测头接触轮缘，说明车轮轮缘垂直磨耗到限。

图 1-4 为踏面圆周磨耗、轮缘厚度、轮缘高度、轮缘垂直磨耗测量示意图。

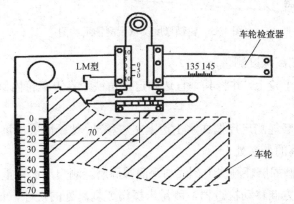

图 1-4　踏面圆周磨耗、轮缘厚度、轮缘高度、轮缘垂直磨耗测量示意图

（5）轮辋厚度测量。

① 将检查器置于车轮上，并将垂直边和定位角铁紧靠于车轮内侧面，尺平面处于车轮直径方向。

② 先测出踏面圆周磨耗深度，记作 D。

③ 读取轮辋厚度测尺与轮辋内径密贴处的数值，记作 C。

④ 轮辋厚度值 $E=C-D$。

测量范围：0～75 mm；分度值：1 mm。

（6）轮辋宽度测量。

① 将踏面圆周磨耗测尺尺框推至轮辋宽度测尺附近。

② 向下推动踏面圆周磨耗测尺，使其测头越过踏面。

③ 向左推动踏面圆周磨耗测尺尺框，使其下部测头贴靠（或指向）车轮外侧面。

④ 读取踏面圆周磨耗测尺尺框左侧面对应轮辋宽度测尺的数值，此数值即为轮辋宽度。如果踏面有碾宽，减去踏面碾宽数值后即为轮辋实际宽度。

测量范围：122～145 mm；分度值：1 mm。

图1-5为轮辋厚度及宽度测量示意图。

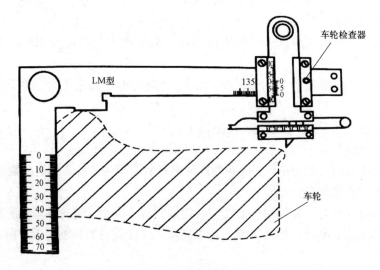

图1-5　轮辋厚度及宽度测量示意图

（7）踏面擦伤或剥离深度测量。

① 将检查器置于车轮上，并将其垂直边和定位角铁紧靠于车轮内侧面，尺平面处于车轮直径方向。

② 推动踏面圆周磨耗测尺尺框在水平边上左右移动，使踏面圆周磨耗测尺的测头对准并下移至接触擦伤或剥离的最深处。

③ 读取此时踏面圆周磨耗测尺上刻线与踏面圆周磨耗测尺尺框相重合的数值，记作 A。

④ 再沿同一圆周方向移动检查器，测量未擦伤或剥离处的尺寸，记作 B。

⑤ 擦伤或剥离深度 $S=A-B$。

（8）踏面擦伤或剥离长度测量。

用检查器的轮辋厚度测尺的外刻线沿车轮圆周方向测量擦伤或剥离的长度，此长度即为踏面擦伤或剥离的长度。

（9）车轮外侧碾宽测量。

将踏面圆周磨耗测尺尺框推向右侧，使踏面圆周磨耗测尺的测头贴靠（或指向）车轮外侧边缘，用钢板尺接触轮辋外侧面，踏面圆周磨耗测尺测头对应的刻线即为车轮外侧碾宽数值。

2. LLJ-4B 型车辆轮对检查器

1）测量功能

该检查器可测量：踏面圆周磨耗；轮缘厚度；踏面擦伤、剥离、凹陷深度、长度和宽度；轮辋厚度、宽度；踏面碾宽；轮缘垂直磨耗。

2）结构特点

LLJ-4B 型车辆轮对检查器的构造如图 1-6 所示。其结构特点：与底板相连的尺框有上下两个导槽，下面的导槽使尺框在底板上左右移动，上面的导槽用于装轮缘厚度测尺。踏面圆周磨耗测量基准点直接选在车轮踏面滚动圆中心，通过测量轮缘高度的变化，可测得踏面圆周磨耗值。轮缘厚度测点固定在滚动圆中心向上 12 mm 处，实现了以踏面为基准测量轮缘厚度。

3）使用方法

（1）踏面圆周磨耗测量。

磨耗型车轮踏面 70 mm 处圆周磨耗的测量：移动轮缘厚度测尺尺框，使踏面定位测头定位在滚动圆中心 70 mm 处，紧固尺框定位钉（或用定位挡块快速定位，向左推动螺钉使轮缘厚度测尺到达极限位置，同时定位挡块带动尺框向左移动到预定位置，即踏面定位测头定位在滚动圆中心 70 mm 处，紧固尺框定位钉）。将检查器置于车轮上，使定位角铁和踏面定位测头分别与轮辋内侧面和踏面滚动圆中心紧靠，向下推动踏面圆周磨耗测尺，使之与轮缘顶部接触，即可在游标上读取踏面圆周磨耗值。

测量范围：-3～10 mm；分度值：0.10 mm。

（2）轮缘厚度测量。

完成上述操作后，向左推动轮缘厚度测尺，使之与轮缘接触，即可在游标上读取轮缘厚度值。

测量范围：12～35 mm；分度值：0.10 mm。

（3）踏面擦伤、剥离、凹陷深度测量。

松开尺框定位钉，移动轮缘厚度测尺尺框，使踏面定位测头置于踏面擦伤、剥离、凹陷最深处，利用相对测量方法测量磨耗型踏面局部擦伤、剥离、凹陷的深度。如果在踏面擦伤、剥离、凹陷处测量为 3.5 mm，在同一直径线上未擦伤、剥离、凹陷处测量为 2 mm，则踏面擦伤、剥离、凹陷的深度为 1.5 mm。

测量范围：-3～10 mm；分度值：0.10 mm。

（4）踏面擦伤、剥离、凹陷长度和宽度测量。

在踏面擦伤、剥离、凹陷处，用刻度尺进行长度和宽度测量。

测量范围：0～70 mm；分度值：1 mm。

（5）轮辋厚度测量。

将检查器置于车轮上，与轮辋内侧面和滚动圆 70 mm 处紧靠，从轮辋厚度测尺上直接读取轮辋厚度值。

测量范围：0～70 mm；分度值：1 mm。

（6）轮辋宽度测量。

将轮缘厚度测尺尺框向右推至端部，把检查器置于车轮上，与车轮内侧面密贴，再向左移动轮缘厚度测尺尺框，使踏面定位测头与轮辋外侧面接触，从轮辋宽度刻度尺上读取轮辋宽度值。如果踏面有碾宽，减去踏面碾宽数值后即为轮辋的实际宽度。

测量范围：60～150 mm；分度值：1 mm。

（7）踏面碾宽测量。

利用碾宽测量线来判定。

（8）轮缘垂直磨耗测量。

在测量轮缘厚度时可同时观测垂直磨耗是否超限，方法是在轮缘厚度测尺测头与轮缘接触时，其上边的垂直磨耗测头是否与轮缘接触。如果未接触，说明轮缘垂直磨耗没有超限，否则超限。

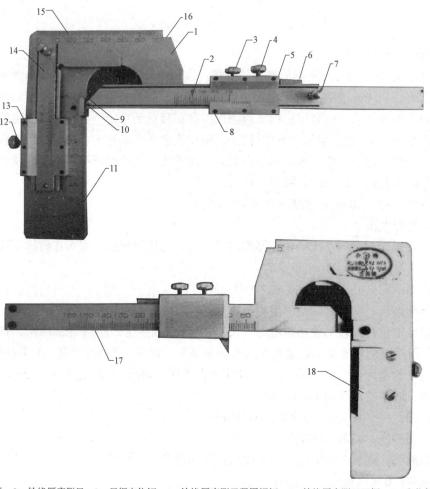

1—底板；2—轮缘厚度测尺；3—尺框定位钉；4—轮缘厚度测尺紧固螺钉；5—轮缘厚度测尺尺框；6—定位挡块；7—止钉；8—踏面定位测头；9—垂直磨耗测头；10—轮缘厚度测尺测头；11—轮辋厚度测尺；12—踏面圆周磨耗测尺紧固螺钉；13—踏面圆周磨耗测尺尺框；14—踏面圆周磨耗测尺；15—刻度尺；16—碾宽测量线；17—轮辋宽度刻度尺；18—定位角铁。

图 1-6　LLJ-4B 型车辆轮对检查器的构造

三、配分及评分标准

职业（工种）名称：货车检车员　　　　　　　　试题编码：**623010201ABA00140901X**

考核项目：车辆第四种检查器的使用　　　　　　等级：中级工

员工编号：　　　　　姓名：　　　　　操作时间：　　　　　核分：

项目	配分	要求	考核内容及评分标准（各项分值扣完为止）	扣分	得分
时间	20分	5 min 内完成	每超时 7.5 s 扣 1 分，不足 7.5 s 不计算；节约时间不加分。		
安全	10分	按照安全作业操作规程作业	1. 未按规定穿戴劳动防护用品扣 5 分。 2. 作业中轻微受伤扣 5 分。 3. 安全防护信号未展开（卷起一圈即为未展开）、落地扣 2 分；忘撤安全防护信号扣 10 分。		
程序	20分	按照要求进行数据测量	1. 未检查量具技术状态、校验日期扣 5 分。 2. 尺身未与车轴中心线垂直扣 5 分。 3. 口述轮对各运用限度，每少述一项扣 2 分。 4. 损坏检查器扣 10 分。 5. 测量踏面圆周磨耗、轮缘厚度、轮缘高度、轮辋厚度、轮缘垂直磨耗时测尺未定位 70 mm 刻线，此项数据无效，质量分为 0 分。 6. 轮缘厚度、轮缘高度、轮辋厚度、踏面圆周磨耗、车轮外侧碾宽、踏面擦伤深度、踏面剥离深度的测量数值超过实际尺寸±0.3 mm 扣 3 分，超过实际尺寸±0.5 mm 该项不予给分；踏面擦伤长度、踏面剥离长度、轮辋宽度的测量数值超过实际尺寸±2 mm 扣 3 分，超过实际尺寸±3 mm 该项不予给分。		
质量	50分	操作技能	轮缘厚度＿＿＿＿＿　　　轮缘高度＿＿＿＿＿ 轮辋厚度＿＿＿＿＿　　　轮辋宽度＿＿＿＿＿ 踏面圆周磨耗＿＿＿＿＿　踏面擦伤深度＿＿＿＿＿ 踏面擦伤长度＿＿＿＿＿　踏面剥离深度＿＿＿＿＿ 踏面剥离长度＿＿＿＿＿　车轮外侧碾宽＿＿＿＿＿ 轮缘垂直磨耗是否过限＿＿＿＿＿		
合计 100 分					
否决项目			1. 作业中因出现碰破、出血、起泡、挤肿等而不能正常作业时全项失格。 2. 作业时间超过规定时间 50% 全项失格。		

考评员签字：＿＿＿＿＿＿＿＿　　　　　　　　　　　　＿＿＿＿年＿＿月＿＿日

第三节　更换球芯折角塞门（含更换制动软管）

职业（工种）名称：货车检车员　　　　　　　试题编码：**623010201ACA00140901X**

考核项目：更换球芯折角塞门（含更换制动软管）　等级：中级工

命题人：　　　　　　　　　　　　　　　　　审核人：

复核人（审定阶段）：

一、准备通知单

（一）材料准备

序号	名称	规格	数量	备注
1	球芯折角塞门		1个	
2	球芯直端塞门		1个	
3	编织制动软管总成	715 mm	1根	
4	编织制动软管总成	980 mm	1根	
5	聚四氟乙烯薄膜		若干	
6	橡胶密封垫圈		1个	
7	开口环、平垫圈、O形密封圈		若干	

（二）工具准备

序号	名称	规格	数量	备注
1	管钳	450 mm	2把	
2	活扳手	150 mm	2把	
3	棘轮扳手、套筒	17 mm	1套	
4	防护红旗	360 mm×500 mm	1面	

二、技能操作试题

（一）考核项目

更换球芯折角塞门（含更换制动软管）。

（二）分值

100分。

（三）考核时间

（1）准备时间：1 min。

（2）正式操作时间：8 min。

（3）规定时间内完成不扣分；每超过规定时间12 s扣1分，不足12 s不计算；作业时间超过规定时间50%全项失格；节约时间不加分。

（四）操作要求及技术标准

（1）在车辆端部设置安全防护信号。

（2）关闭本车两端及相邻车辆连接端的折角塞门。

（3）摘解故障车辆连接的编织制动软管总成，缓慢打开故障折角塞门，确认故障车辆的主管无压力空气。

（4）卸下制动软管。作业人员站在车辆端部面对制动软管，调整管钳开口，卡住六角波纹接头，逆时针旋转卸下制动软管，在制动软管两端加装防尘盖板，将制动软管放置于钢轨外侧两线间安全地点。

（5）卸下折角塞门。

① 进入端梁内侧身体呈半蹲姿势，调整管钳开口，卡住锁紧螺帽，逆时针旋转，将其旋出套在补助管上，取出开口环、平垫圈、O 形密封圈放置于钢轨外侧。

② 辅助人员蹲在端梁下方，面向补助管，调整管钳开口，卡住主管补助管，防止转动折角塞门时带动制动主管补助管；操作人员站在端梁外侧，面向折角塞门，调整管钳开口，卡住折角塞门外体，逆时针方向转动，卸下折角塞门，在折角塞门两端加装防尘盖板，放置于钢轨外侧两线间安全地点。从端梁孔取出锁紧螺帽，放置于钢轨外侧两线间安全地点。

（6）安装新折角塞门。

① 折角塞门组装前，将露出车辆端部的补助管按顺序套上锁紧螺帽、开口环、平垫圈、O 形密封圈，在补助管螺纹处顺时针缠绕聚四氟乙烯薄膜 3～5 圈，折角塞门螺纹口与补助管螺纹相连。

② 两人配合组装折角塞门，辅助人员蹲在端梁下方，面向补助管，使用管钳卡住补助管，操作人员站在端梁外侧，双手抓住折角塞门，将塞门的主管连接端伸入端梁孔内与制动主管连接，顺时针旋转折角塞门体将塞门安装孔螺纹套入补助管螺纹上，使用管钳卡住折角塞门体顺时针旋转使之紧固。紧固时，不得超过螺纹端部，连接处紧固后须外露 1 扣以上的完整螺纹，旋入部分不得少于 4 扣。组装后，保证组装的折角塞门中心线与主管的垂直中心夹角为 30°。

③ 将套在补助管上的锁紧螺帽用手顺时针旋转套入折角塞门的安装螺纹上。然后，站在端梁外侧的作业人员使用管钳卡住折角塞门体，蹲在端梁下方的作业人员使用管钳顺时针方向紧固锁紧螺帽，将其紧固在折角塞门上。

④ 安装新折角塞门吊卡。用塞门 U 形卡由下向上套住折角塞门主管连接端，穿入吊架孔内，安装吊架螺母，使用活扳手将其紧固。然后，使用液压钳将 U 形卡外漏螺纹夹扁（无液压钳时，使用管钳将 U 形卡外漏螺纹拧伤），防止螺母松动。

（7）安装制动软管。

① 组装编织制动软管总成前，须在波纹接头上顺时针缠绕聚四氟乙烯薄膜 3～5 圈，但不得超过螺纹端部。安装时，将编织制动软管总成波纹接头旋入折角塞门螺纹口内，当用手无法旋转时，使用管钳开口卡住波纹接头顺时针旋转编织制动软管总成，使编织制动软管总成与折角塞门连接。制动软管与折角塞门连接处紧固后须外露 1 扣以上的完整螺纹，旋入部分不得少于 4 扣。编织制动软管总成安装角度须正确（连接器连接平面与车体中心夹角须为 45°）。装用直端塞门的车辆，编织制动软管连接后顺线路自然下垂，连接器面与轨面垂直。

② 不摘车翻卸的车辆（C_{80}、C_{70A}），须装用带外护簧的总长为 980 mm 的编织制动软管总成和球芯直端塞门；60 t 级货车须装用总长为 715 mm 的编织制动软管总成。

（8）撤除车辆端部的安全防护信号。

三、配分及评分标准

职业（工种）名称：货车检车员　　　　　试题编码：**623010201ACA00140901X**

考核项目：更换球芯折角塞门（含更换　　　等级：中级工
　　　　　制动软管）

员工编号：　　　　　姓名：　　　　　操作时间：　　　　　核分：

项目	配分	要求	考核内容及评分标准（各项分值扣完为止）	扣分	得分
时间	20分	8 min 内完成	每超时 12 s 扣 1 分，不足 12 s 不计算；节约时间不加分。		
安全	10分	按照安全作业操作规程作业	1. 未按规定穿戴劳动防护用品扣 5 分。 2. 排主管风压时，未手扶制动软管扣 10 分。 3. 忘撤安全防护信号扣 10 分；安全防护信号未展开（卷起一圈即为未展开）、落地扣 2 分。 4. 作业中受轻伤扣 5 分。		
程序	20分	按照规定程序作业	1. 未按下列规定顺序作业或顺序颠倒，每次扣 3 分。 （1）插设安全防护信号。 （2）关闭本车折角塞门和相邻车辆的折角塞门。 （3）关闭本车另一端的折角塞门。 （4）摘解制动软管连接器。 （5）排净制动主管的压缩空气。 （6）卸下制动软管。 （7）卸下球芯折角塞门，并分解开口环、平垫圈、O 形密封圈。 （8）检查良好的制动软管及球芯折角塞门。 （9）在端接管螺纹处、制动软管接头处涂黑铅粉或绕生料带。 （10）组装拧紧制动软管。 （11）连接本车和相邻车辆的制动软管。 （12）开放相邻的折角塞门和本车的折角塞门。 （13）开放本车另一端的折角塞门。 （14）撤除安全防护信号。 2. 完工后工具、材料未放回指定地点，每件扣 2 分。 3. 违章使用工具，每件扣 5 分。		
质量	50分	符合运用车辆质量标准	1. 未按规定进行分解开口环、平垫圈、O 形密封圈，每项扣 3 分。 2. 制动软管、球芯折角塞门接头松动扣 20 分。 3. 折角塞门中心面与车辆垂直面角度不符合规定扣 5 分。 4. 制动软管连接器平面与水平面不垂直扣 5 分。 5. 软管螺纹、端接管聚四氟乙烯薄膜不足 3 圈或缠绕不符合标准扣 3 分。 6. 主管吊卡未安装扣 10 分；螺栓松动扣 5 分；垫圈未安装扣 3 分。 7. 制动软管、球芯折角塞门接头丝扣不足 4 扣扣 5 分；损伤丝扣扣 20 分。		
合计 100 分					
否决项目			1. 未插设安全防护信号便开始作业全项失格（包括作业中信号落地且在作业结束前未重新插设）。 2. 未关闭折角塞门便开始作业全项失格。 3. 作业时间超过规定时间 50% 全项失格。 4. 作业中因出现碰破、出血、起泡、挤肿等而不能正常作业时全项失格。		

考评员签字：＿＿＿＿＿＿＿　　　　　　　　　　　　　　＿＿＿＿＿＿年＿＿月＿＿日

第四节 更换闸瓦

职业（工种）名称：货车检车员　　　　试题编码：**623010201ACA00240901X**

考核项目：更换闸瓦　　　　　　　　　等级：中级工

命题人：　　　　　　　　　　　　　　审核人：

复核人（审定阶段）：

一、准备通知单

（一）材料准备

序号	名称	规格	数量	备注
1	闸瓦		4块	
2	闸瓦插销环		若干	

（二）工具准备

序号	名称	规格	数量	备注
1	撬棍	1 000 mm	1根	
2	闸瓦间隙调整器专用调整工具		1把	
3	检查锤		1把	
4	防护红旗	360 mm×500 mm	1面	

二、技能操作试题

（一）考核项目

更换闸瓦。

（二）分值

100分。

（三）考核时间

（1）准备时间：1 min。

（2）正式操作时间：3 min。

（3）规定时间内完成不扣分；每超过规定时间4.5 s扣1分，不足4.5 s不计算；作业时间超过规定时间50%全项失格；节约时间不加分。

（四）操作要求及技术标准

（1）在车辆端部设置安全防护信号。

（2）关闭截断塞门。

（3）拉动缓解阀拉杆排净副风缸余风，把排风装置卡于缓解阀拉杆与缓解阀拉杆吊架间，安装牢固，确保副风缸内无压力空气进入。

（4）松动闸瓦间隙调整器，以增大闸瓦与车轮踏面间隙。

① 在更换闸瓦时，如闸瓦与车轮踏面之间的间隙不足，须使用闸瓦间隙调整器专用调整工具套入闸瓦间隙调整器前盖，旋转闸瓦间隙调整器，使螺杆伸长，增大闸瓦与车轮踏面之间的间隙。若无闸瓦间隙调整器专用调整工具，对于 ST2-250 型闸瓦间隙调整器，检车员需用扳手进行松动调整；对于 ST1-600 型闸瓦间隙调整器，检车员需用手抓住外体手柄进行松动调整。

② 调整要求：更换 1 块闸瓦时可不调整闸瓦间隙调整器，更换 2 块闸瓦时转动不大于 2 圈，更换 3 块闸瓦时转动不大于 4 圈，以此类推。如转动太多，换完闸瓦后，须倒转回来。

（5）卸下旧闸瓦。

① 卸下闸瓦插销环，用检查锤钩下闸瓦插销环，并放置在钢轨外侧方便回收的位置。

② 拔出闸瓦插销。若闸瓦插销底部弯曲，用扳手将其扳至接近于正常或标准状态后拔出。若仍不能拔出，则用检查锤头部用力向上敲打闸瓦插销头部或底部，直到拔出为止。拔出闸瓦插销后将其放在侧架上方。

③ 卸下过限闸瓦。用撬棍使闸瓦托活动，使闸瓦与踏面出现间隙，将撬棍伸入闸瓦与车轮踏面间，以踏面为支点向闸瓦托一侧用力撬开闸瓦，使闸瓦与车轮踏面间撬开足够安装新闸瓦的间隙。卸闸瓦时，将检查锤头部伸入闸瓦下部，向钢轨外侧勾拉闸瓦，使闸瓦脱离闸瓦托，闸瓦靠自身重力顺车轮踏面滑下到钢轨外侧，然后取出旧闸瓦，放置在钢轨外侧两线间安全地点。

（6）安装合格闸瓦。

① 新闸瓦安装前，确认瓦背上的闸瓦型号及生产厂家代码，标记端安装在制动梁闸瓦托的上端。

② 安装时，更换人员将闸瓦从交叉杆与车轮踏面间塞入，使闸瓦摩擦面贴于车辆踏面，一只手托住闸瓦底部，由下向上沿车轮踏面将闸瓦送入闸瓦托，使闸瓦鼻坐入闸瓦托鼻槽内。

（7）安装闸瓦插销。一只手托住闸瓦底部，使瓦背与闸瓦托四爪紧贴，另一只手抓住闸瓦插销上部，沿闸瓦托上部插销孔由上向下顺势插入，闸瓦插销穿入闸瓦托与闸瓦的插销孔内正位、入底，闸瓦插销底部环眼孔漏出闸瓦托底部。

（8）安装闸瓦插销环。更换人员先将闸瓦插销环一端掰开 3～5 mm 间隙，再将闸瓦插销环穿入闸瓦插销底部环眼孔后旋转，直到闸瓦插销环另一端重新闭合；拨动闸瓦插销环不脱落，用手将闸瓦插销环掰开处捏紧。闸瓦插销环安装后须确认闸瓦插销环距轨面不小于 25 mm。

（9）闸瓦更换完毕后，须将闸瓦间隙调整器倒转以恢复位置。使用闸瓦间隙调整器专用调整工具套入闸瓦间隙调整器前盖，旋转闸瓦间隙调整器，使螺杆收缩，减小闸瓦与车轮踏面之间的间隙。若无闸瓦间隙调整器专用调整工具，对于 ST2-250 型闸瓦间隙调整器，检车员用扳手调整恢复；对于 ST1-600 型闸瓦间隙调整器，检车员用手抓住外体手柄进行调整恢复。

（10）卸下排风装置，放置在两线间安全地点，使缓解阀复位。

（11）开通截断塞门。更换人员应将手把旋转至与组合式集尘器制动支管平行的位置，使截断塞门处于全开位状态。

（12）收拾工具、材料至规定位置。

（13）撤除车辆端部的安全防护信号。

三、配分及评分标准

职业（工种）名称：货车检车员　　　　试题编码：623010201ACA00240901X

考核项目：更换闸瓦　　　　　　　　　等级：中级工

员工编号：　　　　　姓名：　　　　　操作时间：　　　　　核分：

项目	配分	要求	考核内容及评分标准（各项分值扣完为止）	扣分	得分
时间	20分	3 min 内完成	每超时 4.5 s 扣 1 分，不足 4.5 s 不计算；节约时间不加分。		
安全	10分	按照安全作业操作规程作业	1. 未按规定穿戴劳动防护用品扣 5 分。 2. 作业中受轻伤扣 5 分。 3. 忘撤安全防护信号扣 10 分；安全防护信号未展开（卷起一圈即为未展开）、落地扣 2 分。		
程序	20分	按照规定程序作业	1. 未按下列规定顺序作业或顺序颠倒，每次扣 5 分。 （1）插旗、关门、排风。 （2）松动闸瓦间隙调整器。 （3）卸下闸瓦插销环。 （4）取出闸瓦插销与闸瓦。 （5）安装新闸瓦与闸瓦插销。 （6）安装闸瓦插销环。 （7）恢复闸瓦间隙调整器到原位。 （8）恢复缓解阀、开门。 （9）撤除安全防护信号并收拾工具、材料。 2. 完工后工具、材料未放回指定地点，每件扣 2 分。 3. 违章使用工具，每件扣 5 分。		
质量	50分	符合运用车辆质量标准	1. 未安装闸瓦插销环，每个扣 5 分。 2. 未按规定更换闸瓦，每块扣 10 分。 3. 未恢复闸瓦间隙调整器到原位扣 5 分。 4. 闸瓦插销未露头，每根扣 5 分。 5. 未检查新闸瓦制造日期，每处扣 3 分。 6. 闸瓦插销未入槽，每根扣 20 分。 7. 闸瓦生产标记端安装错误扣 5 分。 8. 口述限度：同一制动梁两端闸瓦厚度差不大于 20 mm，闸瓦插销距轨面不小于 25 mm，未口述限度每处扣 3 分。		
合计 100 分					
否决项目			1. 未插设安全防护信号便开始作业全项失格（包括作业中信号落地且在作业结束前未重新插设）。 2. 未关门、排风便开始作业全项失格。 3. 作业时间超过规定时间50%全项失格。 4. 更换闸瓦时将手伸入闸瓦与轮对踏面间全项失格。 5. 作业中因出现碰破、出血、起泡、挤肿等而不能正常作业时全项失格。		

考评员签字：＿＿＿＿＿＿＿＿＿＿＿　　　　　　　　　＿＿＿＿＿＿年＿＿月＿＿日

第五节 分解、组装 13A（B）、16、17 型车钩（含测量车钩）

职业（工种）名称：货车检车员　　　　　试题编码：623010201ACA00340901X

考核项目：分解、组装 13A（B）、16、17 型　　等级：中级工
　　　　　车钩（含测量车钩）

命题人：　　　　　　　　　　　　　　　审核人：

复核人（审定阶段）：

一、准备通知单

（一）材料准备

序号	名称	规格	数量	备注
1	开口销		若干	

（二）工具准备

序号	名称	规格	数量	备注
1	防护红旗	360 mm×500 mm	1 面	
2	手锤	1.35 kg	1 把	
3	开销器		1 套	
4	尖机		1 把	
5	铁丝刷		1 把	
6	油刷		1 把	

（三）量具准备

序号	名称	规格	数量	备注
1	13A（B）、16、17 型车钩全开位内距修复量规		1 套	
2	13A（B）、16、17 型车钩闭锁位内距修复量规		1 套	
3	钩高尺		1 把	

二、技能操作试题

（一）考核项目

分解、组装 13A（B）、16、17 型车钩（含测量车钩）。

（二）分值

100 分。

（三）考核时间

（1）准备时间：1 min。

（2）正式操作时间：3 min。

（3）规定时间内完成不扣分；每超过规定时间 4.5 s 扣 1 分，不足 4.5 s 不计算；作业时间超过规定时间 50% 全项失格；节约时间不加分。

（四）操作要求及技术标准

1. 分解、组装 13A（B）型车钩

（1）插设安全防护信号，检查工具、量具良好齐全，校验日期。使用钩高尺测量车钩高，外观检查钩提杆组成、钩头、车钩托梁、钩尾框托板状态是否良好。

（2）车钩分解。提起车钩钩提杆，使车钩形成开锁位置。将开口器插入钩舌销开口销孔内，用手锤敲击开口器，将钩舌销开口销从钩舌销上卸除，放置在钢轨外侧。向上抽出钩舌销放置在钢轨外侧。向外搬动钩舌并顺势取出，放置在钢轨外侧。向内侧推动钩舌推铁，使锁铁靠自重自由落下。一只手抓住锁铁，另一只手向上拨动上锁销挂钩，将锁铁与上锁销摘开，从钩腔内部取出钩锁，放置在钢轨外侧钩舌旁。一只手取出钩舌推铁，另一只手抓住钩提杆链向上移动，将上锁销组成从钩腔内部取出，自然垂下挂于钩提杆下方。然后，将钩舌推铁放置在钩锁旁。

（3）清扫车钩各部件。使用钢丝刷清除钩腔内部、上锁销组成、钩锁、钩舌推铁、钩舌、钩舌销上的污物和铁锈。

（4）检查车钩各部件。检查上下钩耳、钩腔内部、上锁销组成、钩锁、钩舌推铁、钩舌销及钩舌有无裂损及其技术状态是否良好，对技术状态不良的配件进行更换。

（5）涂抹二硫化钼耐磨剂。使用毛刷将二硫化钼耐磨剂涂抹在钩舌尾部、钩锁工作面、钩舌推铁安装转轴和钩锁坐入面、钩腔内部的牵引凸台和钩锁腔等摩擦面。

（6）车钩组装。将钩舌推铁放入钩腔内部的钩舌推铁座内。抓住上锁销组成，从车钩上锁销孔内放入钩腔内部。组装钩锁和上锁销组成，组装要求：一只手伸入钩腔内部将上锁销组成挂钩抬起，另一只手抓住钩锁头部，将钩锁锁腿朝下填入钩腔内部，使上锁销组成挂钩挂于钩锁头部连接杆内，使其连挂。组装完成后，一只手抓住钩提杆链向上提起，使钩锁顶于钩腔上壁，另一只手向内侧推动钩舌推铁的推足，使钩锁锁腿坐入钩锁推铁的坐入面上。抓住钩舌头部和尾部，抱起钩舌，使钩舌的下钩舌销孔处坐入车钩下钩耳上，将钩舌尾部推入钩腔内部，使钩锁靠自然重力落入钩舌锁铁面与钩腔内壁间，形成闭锁位置。此时，将钩舌销插入钩舌销孔内，使钩舌销开口销孔从底部露出。将钩舌销开口销插入开口销孔内，并将其尾部双向劈开 60° 以上。

（7）组装完成后，试验车钩三态作用。开锁试验：车钩处于闭锁状态时，一只手向上提起钩提杆将上锁销提出，使上锁销脱离防跳位置；另一只手向外转动钩舌，使钩舌沿钩舌销转动，钩舌尾部从钩腔内部旋出。闭锁试验：开锁试验完成后，向内推动钩舌，使钩舌旋入钩腔内部，钩锁靠自身重力落入钩舌锁铁面与钩腔内壁间，形成闭锁位置，此时用手向外搬动钩舌，钩舌已不能从钩腔内部旋出。全开试验：闭锁试验完成后，用力提起钩提杆，钩舌自动从钩腔内部旋出。

（8）测量车钩各部尺寸。

① 车钩闭锁位置测量：运用限度要求钩舌与钩腕间距离不大于 132 mm。测量方法：作业人员将闭锁位钩舌与钩腕内侧距离量规 132Z 端垂直于钩舌牵引面插入钩舌与钩腕内侧之间，检测至少三处（不包括上、下圆角 10 mm 处），132Z 端止住为合格。

② 车钩全开位置测量：运用限度要求钩舌与钩腕间距离不大于 247 mm。测量方法：作业人员将车钩全开位内距修复量规 247Z 端垂直插入钩舌牵引面与钩腕内侧之间，检测至少三处（不包括上、下圆角 10 mm 处），247Z 端止住为合格。

③ 车钩中心高度（车钩中心距轨面的垂直距离）测量：运用限度为最高 890 mm，最低空车 835 mm、重车 815 mm。测量方法：钩高尺底座放于轨面，尺身垂直于轨面，测尺底座与钢轨垂直，尺身置于钩舌在轨面垂直投影线的外侧，钩高尺钩舌卡具卡在钩舌外侧上下平面，直接从游标尺上读取车钩高度的数值。

2. 分解、组装 16 型车钩

（1）插设安全防护信号，检查工具、量具良好齐全，校验日期。使用钩高尺测量车钩高，外观检查钩提杆组成、钩头、车钩弹性支撑装置、钩尾框托板、钩尾销托板及安全托板状态是否良好。

（2）车钩分解。提起车钩钩提杆，使车钩形成开锁位置。将开口器插入钩舌销开口销孔内，用手锤敲击开口器，卸下钩舌销开口销，将钩舌销开口销从钩舌销上卸除，放置在指定位置。将开口器插入下锁销转轴开口销孔内，用手锤敲击开口器，卸下下锁销转轴开口销及垫片，放置在指定位置。向上抽出钩舌销，放置在安全地点。向外掰动钩舌并顺势取出，放置在指定位置。向内侧推动钩舌推铁，使锁铁靠自重自由落下，将手伸入钩腔内部，一只手抓住锁铁向外拉出，另一只手抓住下锁销，将钩锁向右倾斜移动并顺势取出，放置在钩舌旁。松开下锁销，将钩舌推铁取出并放置在钩锁旁。一只手抓住下锁销转轴，另一只手抓住下锁销组成，拔出下锁销转轴，卸下下锁销组成。

（3）清扫车钩各部件。使用钢丝刷清除车钩各部位及钩腔内配件（上、下钩耳，钩腔内部，联锁套头，联锁套口，钩舌，钩舌销，钩锁，钩舌推铁，下锁销转轴，下锁销组成）的污物和铁锈。

（4）检查车钩各部件。检查车钩各部位及钩腔内配件（上、下钩耳，钩腔内部，联锁套头，联锁套口，钩舌，钩舌销，锁铁组装，钩舌推铁，下锁销转轴，下锁销组成）的技术状态是否良好，对技术状态不良的配件进行更换。

（5）涂抹二硫化钼耐磨剂。使用毛刷在车钩钩舌尾部，钩锁工作面，钩舌推铁转轴和钩锁坐入面，上、下钩耳，钩腔内部，联锁套头，联锁套口，钩舌销，下锁销转轴，下锁销组成的摩擦面依次涂抹二硫化钼耐磨剂。

（6）车钩组装。一只手拿下锁销转轴，另一只手拿下锁销组成，将下锁销组成按正确方向放入下锁销孔内。当圆销孔与下锁销转轴孔方向一致时，插入下锁销转轴，安装垫片及开口销并卷起。将钩舌推铁放入钩腔内部的推铁安装孔内。用手抓住钩锁，将钩锁的锁腿孔套在下锁销的钩锁安装轴上，将钩锁推入钩腔内部。一只手抓住钩提杆向上提起，使钩锁顶于钩腔上壁，另一只手向内侧推动钩舌推铁的推足，使钩锁锁腿坐入钩锁推铁的坐入面上。抓住钩舌头部和尾部，抱起钩舌，使钩舌的下钩舌销孔处坐入车钩下钩耳上，将钩舌尾部推入钩腔内部，使钩锁靠自然重力落入钩舌锁铁面与钩腔内壁间，形成闭锁位置。此时，将钩舌销插入钩舌销孔内，使钩舌销开口销孔从底部露出。将开口器插入钩舌销开口销孔内，并将其尾部双向劈开，将开口器插入下锁销转轴开口销孔内，并使其尾部双向劈开角度为60°以上。

（7）组装完成后，试验车钩三态作用。开锁试验：车钩处于闭锁状态时，向上提起提钩杆，将下锁销连杆顶入钩腔内部（闭锁指示孔无显示），使下锁销脱离防跳位置；向外转动钩舌，使钩舌沿钩舌销转动，钩舌尾部从钩腔内部旋出。闭锁试验：开锁试验完成后，用手向内推动钩舌，使钩舌旋入钩腔内部，钩锁靠自身重力落入钩舌锁铁面与钩腔内壁间，形成闭锁位置；此时，用手向外转动钩舌，钩舌已不能从钩腔内部旋出；下锁销杆显示孔须整体清晰可见。全开试验：闭锁试验完成后，用力提起钩提杆，钩舌自动从钩腔内部旋出。

（8）测量车钩各部尺寸。

① 车钩闭锁位置测量：运用限度要求钩舌与钩腕间距离不大于100 mm。测量方法：作业人员将闭锁位钩舌与钩腕内侧距离量规100Z端垂直于钩舌牵引面插入钩舌与钩腕内侧之间，检测至少三处（不包括上、下圆角10 mm处），100Z端止住为合格。

② 车钩全开位置测量：运用限度要求钩舌与钩腕间距离不小于219 mm。测量方法：作业人员将车钩全开位内距修复量规219T端垂直插入钩舌牵引面与钩腕内侧之间，检测至少三处（不包括上、下圆角10 mm处），219T端通过为合格。

③ 车钩中心高度（车钩中心距轨面的垂直距离）测量：运用限度为最高890 mm，最低空车835 mm、重车815 mm。测量方法：钩高尺底座放于轨面，尺置于钩舌在轨面垂直投影线的外侧，钩高尺钩舌卡具卡在钩舌外侧上下平面，直接从游标尺上读取车钩高度的数值。

3. 分解、组装17型车钩

（1）插设安全防护信号，检查工具、量具良好齐全，校验日期。使用钩高尺测量车钩高，外观检查钩提杆组成、钩头、车钩弹性支撑装置、钩尾框托板、钩尾销托板及安全托板状态是否良好。

（2）车钩分解。提起车钩钩提杆，使车钩形成开锁位置。将开口器插入钩舌销开口销孔内，用手锤敲击开口器，将钩舌销开口销从钩舌销上卸除，放置在指定位置。向上抽出钩舌销放置在指定位置。向外掰动钩舌并顺势取出，放置在指定位置。向内侧推动钩舌推铁，使锁铁靠自重自由落下。将手伸入钩腔内部，一只手抓住锁铁向外拉出，另一只手抓住下锁销，将钩锁向右倾斜移动并顺势取出，放置在钩舌旁。松开下锁销，将钩舌推铁取出，放置在钩锁旁。一只手抓住钩提杆向车体方向推动45°，另一只手抓住下锁销组成从下锁销转轴上取下，放置在钩舌推铁旁。取出下锁销组成后，一只手拉住钩提杆向上提起，待转轴下锁销安装座与车钩转轴安装槽孔重合时，双手抓住钩提杆向外拉动，使下锁销转轴脱出车钩，将下锁销转轴从钩提杆上取下，放置在下锁销组成旁。

（3）清扫车钩各部件。使用钢丝刷清除车钩各部位及钩腔内配件（上、下钩耳，钩腔内部，联锁套头，联锁套口，钩舌，钩舌销，钩锁，钩舌推铁，下锁销转轴，下锁销组成）的污物和铁锈。

（4）检查车钩各部件。检查车钩各部位及钩腔内配件（上、下钩耳，钩腔内部，联锁套头，联锁套口，钩舌，钩舌销，锁铁组装，钩舌推铁，下锁销转轴，下锁销组成）的技术状态是否良好，对技术状态不良的配件进行更换。

（5）涂抹二硫化钼耐磨剂。使用毛刷在车钩钩舌尾部，钩锁工作面，钩舌推铁转轴和钩锁坐入面，上、下钩耳，钩腔内部，联锁套头，联锁套口，钩舌销，下锁销转轴，下锁销组成的摩擦面依次涂抹二硫化钼耐磨剂。

（6）车钩组装。将下锁销转轴安装在钩提杆上，向外拉动钩提杆，使转轴下锁销的安装座与车钩上的安装槽孔重合，顺势推入。一只手向内推动钩提杆，使下锁销转轴安装座从下锁销孔露出，另一只手抓住下锁销组成，将其安装在转轴上，松开钩提链，使下锁销组成进入钩腔内部。将钩舌推铁放入钩腔内部的推铁安装孔内。一只手伸入钩腔内部将下锁销组成拽出，另一只手抓住钩锁，将钩锁的锁腿孔套在下锁销的钩锁安装轴上，将钩锁推入钩腔内部。一只手抓住钩提杆向上提起，使钩锁顶于钩腔上壁，另一只手向内侧推动钩舌推铁的推足，使钩锁锁腿坐入钩锁推铁的坐入面上。抓住钩舌头部和尾部，抱起钩舌，使钩舌的下钩舌销孔处坐入车钩下钩耳上，将钩舌尾部推入钩腔内部，使钩锁靠自然重力落入钩舌锁铁面与钩腔内壁间，形成闭锁位置。此时将钩舌销插入钩舌销孔内，使钩舌销开口销孔从底部露出。将钩舌销开口销插入开口销孔内，并使其尾部双向劈开角度为60°以上。

（7）组装完成后，试验车钩三态作用。开锁试验：车钩处于闭锁状态时，向上提起钩提杆，将下锁销连杆顶入钩腔内部（闭锁指示孔无显示），使下锁销脱离防跳位置；向外转动钩舌，使钩舌沿钩舌销转动，钩舌尾部从钩腔内部旋出。闭锁试验：开锁试验完成后，用手向内推动钩舌，使钩舌旋入钩腔内部，钩锁靠自身重力落入钩舌锁铁面与钩腔内壁间，形成闭锁位置；此时，用手向外转动钩舌，钩舌已不能从钩腔内部旋出；下锁销杆显示孔须整体清晰可见。全开试验：闭锁试验完成后，用力提起钩提杆，钩舌自动从钩腔内部旋出。

（8）测量车钩各部尺寸。

① 车钩闭锁位置测量：运用限度要求钩舌与钩腕间距离不大于100 mm。测量方法：作业人员将闭锁位钩舌与钩腕内侧距离量规100Z端垂直于钩舌牵引面插入钩舌与钩腕内侧之间，检测至少三处（不包括上、下圆角10 mm处），100Z端止住为合格。

② 车钩全开位置测量：运用限度要求钩舌与钩腕间距离不小于219 mm。测量方法：作业人员将车钩全开位内距修复量规219T端垂直插入钩舌牵引面与钩腕内侧之间，检测至少三处（不包括上、下圆角10 mm处），219T端通过为合格。

③ 车钩中心高度（车钩中心距轨面的垂直距离）测量：运用限度为最高890 mm，最低空车835 mm、重车815 mm。测量方法：钩高尺底座放于轨面，尺身置于钩舌在轨面垂直投影线的外侧，钩高尺钩舌卡具卡在钩舌外侧上下平面，直接从游标尺上读取车钩高度的数值。

三、配分及评分标准

职业（工种）名称：货车检车员　　　　　　试题编码：**623010201ACA00340901X**

考核项目：分解、组装 13A（B）、16、17 型　　等级：中级工
　　　　　车钩（含测量车钩）

员工编号：　　　　　　姓名：　　　　　　操作时间：　　　　　　核分：

项目	配分	考核内容及评分标准（各项分值扣完为止）	扣分	得分
时间	20分	规定时间 3 min；每超时 4.5 s 扣 1 分，不足 4.5 s 不计算；节约时间不加分。		
安全	10分	1. 未按规定穿戴劳动防护用品扣 5 分。 2. 作业中轻微受伤扣 5 分。 3. 安全防护信号未展开（卷起一圈即为未展开）、落地扣 2 分；忘撤安全防护信号扣 10 分。		
程序	20分	1. 未按下列规定顺序作业或顺序颠倒，每次扣 5 分。 （1）准备工具、材料，插红旗。 （2）提引下作用式钩提杆，使车钩呈开锁状态。 （3）卸下钩舌销开口销。 （4）取下钩舌销及钩舌。 （5）取出钩锁铁、钩舌推铁、下锁销组装配件。 （6）清扫、检查钩腔内部，各磨耗部位给油。 （7）安装钩舌推铁、下锁销转轴、下锁销组装配件、钩锁铁。 （8）安装钩舌销开口销。 （9）试验三态作用，测量闭锁位、全开位限度及车钩高度。 （10）把工具放回指定地点。 （11）撤除安全防护信号。 2. 完工后工具、材料未放回指定地点，每件扣 2 分。 3. 违章使用工具，每件扣 5 分。		
质量	50分	1. 配件未落地，每件扣 2 分；配件未用锤检查，每件扣 5 分。 2. 钩腔内部未清扫扣 2 分；转动部位未涂二硫化钼，每处扣 2 分。 3. 漏装配件，每件扣 10 分。 4. 安装钩舌销开口销角度大于 60º，不符合规定扣 3 分；单劈扣 2 分。 5. 未对车钩高度及车钩全开位和闭锁位进行测量（测量上、中、下三处），每少一项扣 5 分；未口述，每项扣 3 分。 6. 每少试验一项三态作用扣 3 分。 7. 防跳插销未插设扣 3 分。 8. 未检查量具技术状态、校验日期扣 5 分。		
合计 100 分				
否决项目		1. 未插设安全防护信号便开始作业全项失格（包括作业中信号落地且在作业结束前未重新插设）。 2. 作业时间超过规定时间 50% 全项失格。 3. 作业中因出现碰破、出血、起泡、挤肿等而不能正常作业时全项失格。		

考评员签字：_____　　　　　　　　　　　_____年___月___日

第二章 高级工货车检车员操作项目

第一节 更换组合式集尘器

职业（工种）名称：货车检车员　　　　试题编码：623010201AAA00130901X
考核项目：更换组合式集尘器　　　　　等级：高级工
命题人：　　　　　　　　　　　　　　审核人：
复核人（审定阶段）：

一、准备通知单

（一）材料准备

序号	名称	规格	数量	备注
1	组合式集尘器		1个	
2	E形密封圈		2个	

（二）工具准备

序号	名称	规格	数量	备注
1	活扳手	19 mm	2把	
2	棘轮扳手、套筒	19 mm	1套	
3	防护红旗	360 mm×500 mm	1面	

二、技能操作试题

（一）考核项目

更换组合式集尘器。

（二）分值

100分。

（三）考核时间

（1）准备时间：1 min。

（2）正式操作时间：6 min。

（3）规定时间内完成不扣分；每超过规定时间9 s扣1分，不足9 s不计算；作业时间超过规定时间50%全项失格；节约时间不加分。

（四）操作要求及技术标准

（1）在车辆端部设置安全防护信号。

（2）关闭本车两端折角塞门及邻车的折角塞门。

（3）排净本车空气制动系统的余风。拉动缓解阀拉杆排净本车副风缸及两折角塞门间管系的余风，将排风装置安装于缓解阀拉杆与缓解阀拉杆吊架间，安装牢固。

（4）分解组合式集尘器。

① 蹲在中梁下方，使用两把活扳手将组合式集尘器支管吊卡螺栓松动，使支管相对支管吊架有一定的活动量，以消除拆卸时支管与组合式集尘器间的配合应力。

② 使用一把活扳手卡住法兰螺栓帽，另一把活扳手卡住法兰螺母，逆时针方向转动拆除螺母，取下螺母，卸除螺栓，放置在钢轨间作业人员前方轨枕上。卸除两条螺栓后，用相同方法拆除另一端法兰螺栓，把组合式集尘器从制动支管中卸下，放置在钢轨外侧两线间安全地点。

（5）组装组合式集尘器。

① 面对组合式集尘器，将新的E形密封圈放入支管法兰接头处，E形密封圈须高出法兰平面1 mm以上，但不大于2 mm。

② 一只手托起组合式集尘器保持正位，另一只手在螺栓上套上防松垫片，将螺栓由内向外平行装入两端法兰孔中，在螺栓头部戴上防松垫片、弹簧垫圈、螺母。用相同的方法组装另一端的法兰。

③ 紧固法兰螺栓时，用活扳手卡在法兰螺栓帽上，在棘轮扳手上安装19 mm套筒，将套筒卡在螺母上，使用棘轮扳手将法兰螺栓紧固。紧固同一法兰上的螺栓时，应对角均匀拧紧。用相同的方法紧固另一端的法兰螺栓。

④ 使用活扳手将组合式集尘器支管吊卡螺栓紧固。

（6）取下排风装置，开通截断塞门。将缓解阀拉杆与缓解阀拉杆吊架间排风装置取下，放置在两线间安全地点，使缓解阀手柄恢复到初始状态。

（7）开启折角塞门，缓慢开通本车一端及另一端折角塞门，塞门手把应与软管方向一致，同时检查确认管系无漏泄。

（8）撤除车辆端部的安全防护信号。

三、配分及评分标准

职业（工种）名称：货车检车员　　　　　　试题编码：623010201AAA00130901X

考核项目：更换组合式集尘器　　　　　　等级：高级工

员工编号：　　　　　姓名：　　　　　操作时间：　　　　核分：

项目	配分	考核内容	评分标准（各项分值扣完为止）	扣分	得分
时间	20分	规定时间6 min。	每超时9 s扣1分，不足9 s不计算；节约时间不加分。		

项目	配分	考核内容	评分标准（各项分值扣完为止）	扣分	得分
安全	10分	1. 着装符合规定，穿戴工作服、帽、手套。 2. 作业过程中不得碰破、出血、起泡、挤肿。	1. 着装穿戴不符合规定扣5分。 2. 作业中轻微受伤扣5分。 3. 忘撤安全防护信号扣10分；安全防护信号未展开（卷起一圈即为未展开）、落地扣2分。		
程序	20分	1. 在车辆端部设置安全防护信号。 2. 关闭本车两端折角塞门及邻车的折角塞门。 3. 排净制动主管的压缩空气。 4. 卸下法兰接头螺栓。 5. 卸下组合式集尘器。 6. 检查密封圈。 7. 将良好组合式集尘器两端接头与法兰接头用螺栓连接组装拧紧。 8. 开放本车两端折角塞门及邻车的折角塞门。 9. 检查无漏泄。 10. 撤除车辆端部的安全防护信号。	1. 未按规定顺序作业或顺序颠倒，每次扣5分。 2. 完工后工具、材料未放回指定地点，每件扣5分。 3. 违章使用工具，每件扣3分。 4. 未检查密封圈扣10分。		
质量	50分	1. 组合式集尘器接头不得松动。 2. 组合式集尘器中心面与轨面水平面角度一致。 3. 组合式集尘器法兰接头处不得漏风。 4. 配件不得漏装。	1. 组合式集尘器接头松动扣20分。 2. 组合式集尘器中心面与轨面水平面角度不符合规定扣10分。 3. 组合式集尘器法兰接头处漏风扣20分。 4. 配件漏装，每处扣5分。		
合计 100 分					
否决项目		1. 未插设安全防护信号使开始作业全项失格（包括作业中信号落地且在作业结束前未重新插设）。 2. 未关闭本车两端折角塞门全项失格。 3. 作业时间超过规定时间50%全项失格。 4. 作业中因出现碰破、出血、起泡、挤肿等而不能正常作业时全项失格。			

考评员签字：_____ _____年___月___日

第二节　更换闸瓦间隙调整器

职业（工种）名称：货车检车员　　　　试题编码：623010201AAA00230901X

考核项目：更换闸瓦间隙调整器　　　　等级：高级工

命题人：　　　　　　　　　　　　　　审核人：

复核人（审定阶段）：

一、准备通知单

（一）材料准备

序号	名称	规格	数量	备注
1	闸瓦间隙调整器圆销开口销		1个	
2	闸瓦间隙调整器	ST-250型	1个	

（二）工具准备

序号	名称	规格	数量	备注
1	防护红旗	360 mm×500 mm	1面	
2	手锤	1.35 kg	1把	
3	开口器		1套	
4	管钳		1把	
5	尖机		1把	
6	闸瓦间隙调整器		1把	

二、技能操作试题

（一）考核项目

更换闸瓦间隙调整器。

（二）分值

100分。

（三）考核时间

（1）准备时间：1 min。

（2）正式操作时间：6 min。

（3）规定时间内完成不扣分；每超过规定时间9 s扣1分，不足9 s不计算；作业时间超过规定时间50%全项失格；节约时间不加分。

（四）操作要求及技术标准

（1）插设安全防护信号：确认安全防护信号插设完毕后，方可进行更换闸瓦间隙调整器作业。

（2）关门、排风：关闭截断塞门；向外拉动缓解阀拉杆排净副风缸余风，把排风装置卡于缓解阀拉杆与缓解阀拉杆吊架间，安装牢固，确保副风缸内无压力空气进入。

（3）卸除闸瓦间隙调整器：使用手锤和开口器将制动缸后杠杆闸瓦间隙调整器圆销开口销卸下，取出圆销，放置在钢轨内侧安全地点易取送的位置。向后推动制动缸后杠杆，使闸瓦间隙调整器与制动缸后杠杆脱离，然后自然垂下，放置在闸瓦间隙调整器安全吊架上。用手将闸瓦间隙调整器托起，将闸瓦间隙调整器托杆插入杠杆托架组成与制动缸后杠杆支点，将闸瓦间隙调整器放在闸瓦间隙调整器托杆上，调整管钳卡口，卡住闸瓦间隙调整器拉杆，逆时针旋转将闸瓦间隙调整器拉杆从拉杆头拧松，一只手抓住闸瓦间隙调整器外体，另一只手抓住闸瓦间隙调整器拉杆逆时针旋转，将闸瓦间隙调整器拉杆从拉杆头旋出，从控制杆挡铁孔中将故障闸瓦间隙调整器抽出卸下，放置在安全地点。检查新闸瓦间隙调整器外体无损伤且螺杆旋出位置正确。闸瓦间隙调整器外体须有检修标记，储存期不得超过6个月，确认其符合装车要求。

（4）安装新闸瓦间隙调整器：调整管钳卡口，卡住选配的合格新闸瓦间隙调整器拉杆头，逆时针旋转将闸瓦间隙调整器拉杆从拉杆头旋出，将其卸除。将卸除拉杆头的新闸瓦间隙调整器拉杆从控制杆挡铁孔中穿入，用手将闸瓦间隙调整器托起，将闸瓦间隙调整器托杆插入杠杆托架组成与制动缸后杠杆支点，将闸瓦间隙调整器放在闸瓦间隙调整器托杆上，一只手抓住闸瓦间隙调整器外体，另一只手抓住闸瓦间隙调整器拉杆逆时针旋转，将闸瓦间隙调整器拉杆旋入闸瓦间隙调整器拉杆头安装孔内，调整管钳卡口，卡住闸瓦间隙调整器拉杆，顺时针旋转，将其与拉杆头紧固。将闸瓦间隙调整器螺杆头卡入制动缸后杠杆，将制动圆销由上向下装入，将其连接，安装扁开口销，将开口销劈开卷起。

（5）复位开门：卸下排风装置，放置在安全地点，使缓解阀复位；缓慢开启截断塞门，应将手把旋转至与组合式集尘器制动支管平行的位置，使截断塞门处于全开位状态。

（6）回收工具：整理现场工具，及时将工具放回工具箱内。

三、配分及评分标准

职业（工种）名称：货车检车员　　　　试题编码：623010201AAA00230901X
考核项目：更换闸瓦间隙调整器　　　　等级：高级工

员工编号：　　　　姓名：　　　　操作时间：　　　　核分：

项目	配分	考核内容及评分标准（各项分值扣完为止）	扣分	得分
时间	20分	规定时间6 min；每超时9 s扣1分，不足9 s不计算；节约时间不加分。		
安全	10分	1. 未按规定穿戴劳动防护用品扣5分。 2. 作业中轻微受伤扣5分。 3. 安全防护信号未展开（卷起一圈即为未展开）、落地扣2分；忘撤安全防护信号扣10分。		
程序	20分	1. 作业顺序： （1）插设安全防护信号。 （2）关闭截断塞门，排出副风缸或工作风缸的压力空气。 （3）卸除闸瓦间隙调整器（也可提前卸除上拉杆圆销）。 （4）安装闸瓦间隙调整器。 （5）复位开门。 （6）撤除安全防护信号。 以上程序顺序颠倒一次扣5分。 2. 工具使用不当，每次扣3分；工具损坏，每件扣5分。 3. 完工后工具、材料未放回指定地点，每件扣5分。		
质量	50分	1. 卸下闸瓦间隙调整器后未完全搬出钢轨外侧扣5分。 2. 未检查闸瓦间隙调整器检修日期（口述）扣5分。 3. 安装闸瓦间隙调整器时发生卡死、别劲扣50分。 4. 配件漏装，每件扣10分；扁开口销未卷尾，每处扣5分；开口销不正位扣3分。 5. 截断塞门开、关不到位各扣10分。		
合计100分				
否决项目		1. 作业中因出现碰破、出血、起泡、挤肿等而不能正常作业时全项失格。 2. 作业时间超过规定时间50%全项失格。 3. 未插设安全防护信号便开始作业全项失格（包括作业中信号落地且在作业结束前未重新插设）。 4. 未关门、排风便开始作业全项失格。		

考评员签字：＿＿＿＿＿＿＿＿＿　　　　　　　　　　　＿＿＿＿年＿＿月＿＿日

第三节　更换组合式制动梁

职业（工种）名称：货车检车员　　　　试题编码：623010201AAA00330901X

考核项目：更换组合式制动梁　　　　　等级：高级工

命题人：　　　　　　　　　　　　　　审核人：

复核人（审定阶段）：

一、准备通知单

（一）材料准备

序号	名称	规格	数量	备注
1	组合式制动梁	L-B	1 条	
2	制动梁支柱圆销开口销		若干	
3	敞车	C_{64} 型或 C_{70} 型	1 辆	
4	转向架	转 K2 型或转 K6 型	1 台	

（二）工具准备

序号	名称	规格	数量	备注
1	活扳手	300 mm	2 把	
2	呆扳手	19 mm	1 把	
3	手锤	13.5 kg	1 把	
4	开口器		2 把	
5	尖机		1 个	
6	木垫		1 块	
7	防护红旗	360 mm×500 mm	1 面	

二、技能操作试题

（一）考核项目

更换组合式制动梁。

（二）分值

100 分。

（三）考核时间

（1）准备时间：1 min。

（2）正式操作时间：6 min。

（3）规定时间内完成不扣分；每超过规定时间 9 s 扣 1 分，不足 9 s 不计算；作业时间超过规定时间 50%全项失格；节约时间不加分。

（四）操作要求及技术标准

1. 双人操作

（1）在车辆端部设置安全防护信号。

（2）关闭截断塞门，拉动缓解阀拉杆排净副风缸余风，把排风装置卡于缓解阀拉杆与缓解阀拉杆吊架间，安装牢固，确保副风缸内无压力空气进入。

（3）卸下故障制动梁。

① 单号作业人员使用手锤、尖机和开口器卸下制动梁支柱圆销开口销，取出制动梁支柱圆销，放置在交叉杆盖板下方的钢轨间。

② 双号作业人员用扳手卸下制动梁的两个安全链螺母，拆除两交叉杆安全索，放置在钢轨内侧轨枕上，依次卸下制动梁两端的闸瓦插销环、闸瓦插销和闸瓦，放置在钢轨外侧。

③ 单号作业人员将中拉杆抬起顶住摇枕中心孔上部，在摇枕中心孔与中拉杆之间安装垫木，将中拉杆顶起。垫木须垫稳且牢固，确保在作业过程中中拉杆不会自动落下。

④ 两人分别抓住制动梁梁架两端，将制动梁向车轴方向拉动，让制动梁闸瓦托靠近车轮踏面，使制动梁滑块脱出侧架滑槽。双号作业人员将制动梁一端从侧架制动梁滑槽内取出，向上推举，置于侧架三角孔内，使制动梁端部滑块上平面与侧架三角孔顶部接触。单号作业人员顺势将制动梁另一端从侧架制动梁滑槽内取出，向下置于钢轨上方。此时，两人配合旋转制动梁，将制动梁置于钢轨上方的一侧旋转到车轴下方，从车轴下方斜向顺势取出制动梁，放置在钢轨外侧安全地点。

（4）安装制动梁。

① 两人将选配合格的新制动梁抬置于更换制动梁处的车轴外侧，单号作业人员抬起制动梁，将一端从车轴下方向车轴内侧送入，双号作业人员接到制动梁后，抓住制动梁梁架向上抬起，举过侧架三角孔上方，单号作业人员将制动梁另一端旋在钢轨上方。两人配合从车轴下方将制动梁旋入车轴内侧，与车轴方向一致，同时斜举制动梁，双号作业人员将制动梁一端抬入侧架三角孔内，使制动梁端部滑块紧贴侧架三角孔上部，单号作业人员将制动梁一端抬起并使滑块端装入侧架制动梁滑槽内后，双号作业人员将制动梁另一端滑块端装入侧架另一侧的制动梁滑槽内。

② 制动梁装入侧架滑槽后，单号作业人员将摇枕中心孔内的垫木取出，将固定杠杆插入制动梁支柱斜孔内，使制动梁支柱圆销孔与固定杠杆的支柱圆销孔吻合，然后由上向下装入制动梁支柱圆销及扁开口销，将开口销劈开卷起。

③ 双号作业人员将安全链螺栓由下向上穿入摇枕安全链的安装座内，依次装入垫片、防松垫片、安全链螺母，使用扳手将其拧紧。最后，在制动梁端部和交叉杆端部套装交叉杆安全索。制动梁安全链螺栓不得漏装弹簧垫圈，无弹簧垫圈时，安装基本母后需加装备母。制动梁两端安全链安装后不得别劲，松余量为 40～70 mm。安装交叉杆安全索时，缠绕不得小于 1.5 圈，并将锁头由内向外插入锁套内。

（5）安装闸瓦。闸瓦装车时，瓦背上的闸瓦型号及生产厂家代码标记端须安装在制动梁闸瓦托的上端。瓦背须与闸瓦托四爪接触，闸瓦插销穿入闸瓦托与闸瓦的插销孔内且须正位入底，闸瓦插销底部环眼孔须露出闸瓦托底部，安装新闸瓦插销环。

（6）卸下排风装置，放置在两线间安全地点，使缓解阀复位。

（7）开启截断塞门，应将手把旋转至与组合式集尘器制动支管平行的位置，使截断塞门处于全开位状态。

（8）撤除车辆端部的安全防护信号。

2. 单人操作

（1）在转向架更换制动梁。

（2）设置安全防护信号，打止轮器。

（3）卸下故障制动梁。

① 作业人员用扳手卸下制动梁两安全链螺母，拆除两交叉杆安全索，放置在钢轨内侧轨枕上，依次卸下制动梁两端的闸瓦插销环、闸瓦插销和闸瓦，放置在钢轨外侧。

② 作业人员使用手锤、尖机和开口器卸下制动梁支柱圆销开口销，取出制动梁支柱圆销，放置在交叉杆盖板下方的钢轨间。

③ 作业人员将中拉杆抬起顶住摇枕中心孔上部，在摇枕中心孔与中拉杆之间安装垫木，将中拉杆顶起。垫木须垫稳且牢固，确保在作业过程中中拉杆不会自动落下。

④ 作业人员抓住制动梁梁架一端，将制动梁向车轴方向拉动，让制动梁闸瓦托靠近车轮踏面，使制动梁另一端滑块脱出侧架滑槽；将制动梁一端从侧架制动梁滑槽内取出，向上推举，置于侧架上部，另一端制动梁向下脱落置于钢轨上方。此时，旋转制动梁，将制动梁置于钢轨上方的一侧旋转到车轴下方，从车轴下方斜向顺势取出制动梁，放置在钢轨外侧安全地点。

（4）安装制动梁。

① 作业人员将选配合格的新制动梁放置在更换制动梁处的车轴外侧，将制动梁一端从车轴下方向车轴内侧送入，抓住制动梁一端梁架向上抬起，举过侧架上部，将制动梁另一端旋在钢轨上方；作业人员将制动梁另一端从交叉杆与车轮踏面间抬入侧架制动梁滑槽内，然后将制动梁另一端滑块端装入侧架另一侧的制动梁滑槽内。

② 制动梁装入侧架滑槽后，作业人员将摇枕中心孔内的垫木取出，将固定杠杆插入制动梁支柱斜孔内，使制动梁支柱圆销孔与固定杠杆的支柱圆销孔吻合，然后由上向下装入制动梁支柱圆销及扁开口销，将开口销劈开卷起。

③ 作业人员将安全链螺栓由下向上穿入摇枕安全链的安装座内，依次装入垫片、防松垫片、安全链螺母，使用扳手将其拧紧。最后，在制动梁端部和交叉杆端部套装交叉杆安全索。制动梁安全链螺栓不得漏装弹簧垫圈，无弹簧垫圈时，安装基本母后需加装备母。制动梁两端安全链安装后不得别劲，松余量为 40～70 mm。安装交叉杆安全索时，缠绕不得小于 1.5 圈，并将锁头由内向外插入锁套内。

（5）安装闸瓦。闸瓦装车时，瓦背上的闸瓦型号及生产厂家代码标记端须安装在制动梁闸瓦托的上端。瓦背须与闸瓦托四爪接触，闸瓦插销穿入闸瓦托与闸瓦的插销孔内且须正位入底，闸瓦插销底部环眼孔须露出闸瓦托底部，安装新闸瓦插销环。

（6）卸下排风装置，放置在两线间安全地点，使缓解阀复位。

（7）开启截断塞门，应将手把旋转至与组合式集尘器制动支管平行的位置，使截断塞门处于全开位状态。

（8）撤除车辆端部的安全防护信号。

三、配分及评分标准

职业（工种）名称：货车检车员　　　　　试题编码：623010201AAA00330901X
考核项目：更换组合式制动梁　　　　　　等级：高级工

员工编号：　　　　　姓名：　　　　　操作时间：　　　　　核分：

项目	配分	考核内容	评分标准（各项分值扣完为止）	扣分	得分
时间	20分	规定时间6 min。	每超时9 s扣1分，不足9 s不计算；节约时间不加分。		
安全	10分	1. 着装符合规定，穿戴工作服、帽、手套。 2. 作业过程中不得碰破、出血、起泡、挤肿。	1. 着装穿戴不符合规定扣5分。 2. 作业中轻微受伤扣5分。 3. 安全防护信号未展开（卷起一圈即为未展开）、落地扣2分；忘撤安全防护信号扣10分。		
程序	20分	1. 设置安全防护信号，关闭截断塞门，排出副风缸或工作风缸的压力空气。 2. 卸下闸瓦插销与闸瓦、制动梁安全链、交叉杆安全索、制动梁支柱开口销及圆销。 3. 卸下制动梁。 4. 安装质量良好的制动梁。 5. 安装制动梁支柱圆销及开口销、制动梁安全链、交叉杆安全索。 6. 安装闸瓦。 7. 撤除排风止木，开放截断塞门。 8. 撤除安全防护信号。	1. 未按规定顺序作业或顺序颠倒，每次扣5分。 2. 工具使用不当，每次扣3分；工具损坏，每件扣5分。 3. 完工后工具、材料未放回指定地点，每件扣5分。 4. 作业结束后，未开通截断塞门扣10分。		
质量	50分	1. 卸下制动梁须完全搬出轨枕头部外。 2. 安装良好制动梁（口述）。 3. 不得漏装配件。 4. 安装螺栓须紧固，需要安装备母的不得漏装。 5. 圆开口销须平均劈开，开口销角度应大于60°。 6. 扁开口销须卷起，圆销应安装于圆销孔。 7. 制动梁安全链松余量为40～70 mm。 8. 安装交叉杆安全索时，缠绕不得小于1.5圈。 9. 闸瓦插销须入槽，其下端须露出闸瓦托下方。	1. 卸下制动梁后未完全搬出轨枕头部外扣5分。 2. 未检查新制动梁扣3分。 3. 配件漏装，每件扣10分。 4. 螺栓松动，每处扣5分。 5. 开口销未劈开，每处扣2分；开口销角度不正确，每处扣2分；制动梁支柱扁开口销未卷尾，每处扣5分。 6. 闸瓦插销未全部窜入扣5分。 7. 安全链螺栓无备母扣2分。 8. 松余量不符合规定，每处扣3分。		
合计100分					
否决项目	1. 未插设安全防护信号便开始作业全项失格（包括作业中信号落地且在作业结束前未重新插设）。 2. 未关门、排风便开始作业全项失格。 3. 作业时间超过规定时间50%全项失格。 4. 制动梁滑块未入槽全项失格。 5. 作业中因出现碰破、出血、起泡、挤肿等而不能正常作业时全项失格。				

考评员签字：＿＿＿＿＿＿＿＿＿　　　　　　　　　　＿＿＿＿年＿＿月＿＿日

第四节　更换空车枕簧

职业（工种）名称：货车检车员　　　　试题编码：623010201ABA00130901X

考核项目：更换空车枕簧　　　　　　　等级：高级工

命题人：　　　　　　　　　　　　　　审核人：

复核人（审定阶段）：

一、准备通知单

（一）材料准备

序号	名称	规格	数量	备注
1	摇枕外簧		1个	
2	摇枕内簧		1个	
3	减振外簧		1个	
4	减振内簧		1个	

（二）工具准备

序号	名称	规格	数量	备注
1	千斤顶	12.5 t	1台	
2	组合垫板		1块	
3	斜楔吊卡		1个	
4	止轮器		2个	
5	枕簧铲子		1把	
6	保险丝杠		1个	
7	防护红旗	360 mm×500 mm	1面	

二、技能操作试题

（一）考核项目

更换空车枕簧。

（二）分值

100分。

（三）考核时间

（1）准备时间：1 min。

（2）正式操作时间：4 min。

（3）规定时间内完成不扣分；每超过规定时间 6 s 扣 1 分，不足 6 s 不计算；作业时间超过规定时间 50% 全项失格；节约时间不加分。

（四）操作要求及技术标准

（1）在车辆端部设置安全防护信号。

（2）关闭截断塞门，拉动缓解阀拉杆排净副风缸余风，把排风装置卡于缓解阀拉杆与缓解阀拉杆吊架间，确保副风缸内无压力空气进入。

（3）顶起千斤顶。将起落千斤顶的地面垫平，做好防滑措施。依次放入垫板、专用千斤顶，千斤顶顶部须放置防滑木垫，千斤顶顶部的支撑块卡入摇枕端部中心点，然后关闭千斤顶的油压阀门，使用压杆起压千斤顶（更换减震弹簧起压千斤顶前，还应用斜楔吊卡吊起斜楔），将摇枕升至足以取出摇枕（减振）弹簧的高度，在摇枕和侧架承台间安装保险丝杠，做好安全防护措施，抽出压杆，放置在安全地点。

（4）更换摇枕承载弹簧。使用枕簧铲子插入故障摇枕弹簧中部，取出摇枕弹簧（若故障弹簧为中部或后部摇枕弹簧，应先将前部弹簧依次取出，再取出故障弹簧），放置在两线间安全地点。使用枕簧铲子将新摇枕弹簧装入侧架弹簧承台内（若故障弹簧为中部或后部摇枕弹簧，先装入新弹簧，再将前部弹簧依次装入侧架弹簧承台内）。

（5）更换摇枕减振弹簧。使用枕簧铲子依次取出外侧摇枕承载弹簧，再将故障减振弹簧取出，放置在两线间安全地点，抽出枕簧铲子，新摇枕减振弹簧放入侧架减振弹簧承台与斜楔间，使用枕簧铲子依次将承载弹簧装入侧架枕簧承台内。

（6）枕簧更换后，取下保险丝杠，缓慢松开油压阀门，落下千斤顶，取下斜楔吊卡。

（7）依次取出千斤顶和镐垫，放置在两线间安全地点。

（8）蹲在钢轨外侧，用手将止轮器从车轮与钢轨间取出，放置在两线间安全地点。

（9）卸下排风装置，放置在两线间安全地点，使缓解阀复位。

（10）开启截断塞门，应将手把旋转至与组合式集尘器制动支管平行的位置，使截断塞门处于全开位状态。

（11）撤除车辆端部的安全防护信号。

三、配分及评分标准

职业（工种）名称：货车检车员　　　　　试题编码：623010201ABA00130901X

考核项目：更换空车枕簧　　　　　　　　等级：高级工

员工编号：　　　　　姓名：　　　　　操作时间：　　　　　核分：

项目	配分	考核内容	评分标准（各项分值扣完为止）	扣分	得分
时间	20 分	规定时间 4 min。	每超时 6 s 扣 1 分，不足 6 s 不计算；节约时间不加分。		
安全	10 分	1. 着装符合规定，穿戴工作服、帽、手套。 2. 作业过程中不得碰破、出血、起泡、挤肿。	1. 着装穿戴不符合规定扣 5 分。 2. 作业中轻微受伤扣 5 分。 3. 忘撤安全防护信号扣 10 分；安全防护信号未展开（卷起一圈即为未展开）、落地扣 2 分。		

续表

项目	配分	考核内容	评分标准（各项分值扣完为止）	扣分	得分
程序	30分	1. 插设安全防护信号并关门、排风。 2. 打止轮器。 3. 安装镐垫、千斤顶等。 4. 按操作规定进行起镐作业，取出故障枕簧。 5. 更换枕簧，进行安装。 6. 落镐，撤除镐垫、止轮器等工具。 7. 恢复开通截断塞门。 8. 收拾工具、材料，撤除防护信号。	1. 未按规定顺序作业或顺序颠倒，每次扣5分。 2. 止轮器忘打、忘撤，每个扣10分。 2. 未做好防滑措施扣10分。 3. 未安装保险丝杠扣5分。 4. 完工后工具、材料未放回指定地点，每件扣5分。 5. 违章使用工具，每件扣3分。		
质量	40分	1. 新旧枕簧规格须一致。 2. 新装枕簧内簧和外簧不得顺卷。 3. 装簧位置要正确。 4. 配件不得漏装。	1. 枕簧未入槽、安装不到位，每组扣10分。 2. 斜锲不正位，斜楔未落实、入槽，每个扣10分。 3. 配件漏装，每件扣20分。 4. 新旧枕簧不一致扣10分。		
合计100分					
否决项目		1. 未插设安全防护信号便开始作业全项失格（包括作业中信号落地且在作业结束前未重新插设）。 2. 未关门、排风便开始作业全项失格。 3. 作业时间超过规定时间50%全项失格。 4. 作业中因出现碰破、出血、起泡、挤肿等而不能正常作业时全项失格。			

考评员签字：_____　　　　　　　　　　_____年___月___日

第五节　更换120型或120-1型控制阀（主阀和紧急阀）

职业（工种）名称：货车检车员　　　　试题编码：623010201ABA00230901X
考核项目：更换120型或120-1型控制阀　　等级：高级工
　　　　　（主阀和紧急阀）
命题人：　　　　　　　　　　　　　　审核人：
复核人（审定阶段）：

一、准备通知单

（一）材料准备

序号	名称	规格	数量	备注
1	控制阀主阀	120型或120-1型	各1个	
2	紧急阀		1个	
3	主阀安装橡胶密封垫	120型或120-1型	各1个	
4	滤尘网		3个	
5	开口销		若干	

（二）工具准备

序号	名称	规格	数量	备注
1	手锤	13.5 kg	1 把	
2	开口器		1 把	
3	防护红旗	360 mm×500 mm	1 面	
4	呆扳手	24 mm 和 19 mm	2 把	
5	风动角磨机		1 个	
6	橡胶垫	500 mm×500 mm	1 张	

二、技能操作试题

（一）考核项目

更换 120 型或 120-1 型控制阀（主阀和紧急阀）。

（二）分值

100 分。

（三）考核时间

（1）准备时间：1 min。

（2）正式操作时间：5 min。

（3）规定时间内完成不扣分；每超过规定时间 7.5 s 扣 1 分，不足 7.5 s 不计算；作业时间超过规定时间 50%全项失格；节约时间不加分。

（四）操作要求及技术标准

（1）确认安全防护信号插设好后，关闭截断塞门。

（2）向外拉动缓解阀拉杆，排净副风缸余风。

（3）卸除 120 型或 120-1 型主阀。卸除缓解阀和缓解阀拉杆连接的开口销。使用克丝钳将缓解阀拉杆手柄和缓解阀拉杆连接的开口销还原成"一"字状态。抽出开口销，放置在车体中梁上易取送的位置。卸下缓解阀拉杆，以拉杆吊架为支点移动到钢轨内侧不影响作业人员更换主阀的位置。

（4）卸除防盗罩。组装切割工具。利用试风手持器对列车管进行充风。确认有风源后，关闭故障车辆风源侧一端与相邻车辆连接一端的折角塞门，再摘开车辆制动软管，将风动切割机软管连接器与有风源侧车辆制动软管连接器相连接，在两连接器的软管吊链孔内插入安全销。缓慢开启有风源侧的车辆折角塞门，检查确认连接处无漏泄现象。按动角磨机的开关，试验风动切割机转速正常。使用角磨机切割防盗罩螺栓，依次切除防盗罩的 4 条螺栓后，将防盗罩向上移动，将其卸下，放置在两线间安全地点。

（5）卸下主阀及紧急阀安装座螺母，取下不良主阀及座垫、紧急阀及座垫。

（6）将 120 型或 120-1 型主阀体和紧急阀体沿安装螺栓方向慢慢取出，取下主阀和紧急阀。在控制阀安装面上加装防尘盖板，将主阀和紧急阀轻放于钢轨外侧两线间安全地点。

（7）将橡胶垫沿安装螺栓方向取下，放置在两线间安全地点。

（8）检查中间体及各安装配件。检查安装座螺栓丝扣、螺母有无破损。检查中间体各部通路有无堵塞，对滤尘网与网圈的连接状态进行外观检查，滤尘网须保持清洁无杂物，保证滤尘网作用良好无破损丢失。

（9）目视检查制动阀，确认外表无损伤、安装配件为合格品、检修日期不过期。

（10）外观检查新主阀和紧急阀安装橡胶密封垫无破损，未超过存储期。

（11）安装 120 型或 120-1 型主阀和紧急阀。主阀和紧急阀与安装座间加装橡胶密封垫，橡胶密封垫的气密线朝外，橡胶密封垫与各阀安装座平面密贴，使用棘轮扳手或活扳手将其紧固，紧固时应对角均匀拧紧。

（12）组装缓解阀拉杆，缓解阀拉杆安装正位，用缓解阀拉杆开口销将缓解阀拉杆手柄与两拉杆相连接，使用开口器将开口销双向劈开，劈开角度应大于 60°，安装时不得别劲。

（13）卸除风动角磨机，连接编织制动软管组成。

（14）关闭连接风动角磨机一侧的折角塞门，将软管连接器与风动角磨机上的安全销取出，摘解风动角磨机，将其放置在两线间安全地点。

（15）连接故障车辆与相邻车辆的制动软管，然后缓慢开启折角塞门。

（16）缓慢开启截断塞门，应将手把旋转至与组合式集尘器制动支管平行的位置，使截断塞门处于全开位状态。

三、配分及评分标准

职业（工种）名称：货车检车员　　　　试题编码：**623010201ABA00230901X**

考核项目：**更换 120 型或 120-1 型控制阀**　　等级：**高级工**
　　　　　（**主阀和紧急阀**）

员工编号：　　　　　姓名：　　　　　操作时间：　　　　　核分：

项目		配分	考核内容及评分标准（各项分值扣完为止）	扣分	得分
时间		20 分	规定时间 5 min；每超时 7.5 s 扣 1 分，不足 7.5 s 不计算；节约时间不加分。		
安全		10 分	1. 未按规定着装，未戴工作帽、手套扣 5 分。 2. 忘撤安全防护信号扣 10 分；安全防护信号未展开（卷起一圈即为未展开）、落地扣 2 分。 3. 作业中轻微受伤扣 5 分。		
程序及质量	关门、排风	10 分	1. 截断塞门关闭不到位扣 5 分。 2. 关门、排风顺序颠倒，每次扣 5 分。		
	卸下主阀和紧急阀	10 分	1. 未按程序作业，每项扣 3 分。 2. 主阀、紧急阀抛扔落地扣 5 分；配件未放至橡胶垫扣 2 分。		
	更换主阀和紧急阀	40 分	1. 安装座面（中间体安装座面及阀安装座面）未检查、清扫，每处扣 5 分。 2. 滤尘网安装前未检查，每个扣 3 分；滤尘网漏装扣 10 分。 3. 未更换新品橡胶垫扣 10 分；未检查、口述橡胶垫质量、储存日期、安装方向，每处扣 3 分；安装过期橡胶垫扣 5 分；橡胶垫装反或落地未清扫，每项扣 5 分。 4. 选配主阀错误扣 40 分；未确认主阀、紧急阀检修标记各扣 5 分。		

项目		配分	考核内容及评分标准（各项分值扣完为止）	扣分	得分
程序及质量	更换主阀和紧急阀	40分	5. 安装座螺母未对角紧固扣2分；螺母松动一条扣5分，松动两条扣10分。 6. 半自动缓解阀拉杆未装扣10分；开口销双向劈开角度大于60°，不符合规定扣2分。		
	复位开门	10分	1. 恢复缓解、开门顺序颠倒扣5分。 2. 截断塞门未开扣5分，开启不到位扣3分。		
合计100分					
否决项目			1. 未插设安全防护信号便开始作业全项失格（包括作业中信号落地且在作业结束前未重新插设）。 2. 未关闭截断塞门便开始作业全项失格。 3. 作业时间超过规定时间50%全项失格。 4. 安装座螺母未对角紧固，松动3条及以上质量失格；安装座座垫漏装全项失格。 5. 作业中因出现碰破、出血、起泡、挤肿等而不能正常作业时全项失格。		

考评员签字：＿＿＿＿＿＿＿＿＿＿　　　　　　　　　　　　　＿＿＿＿＿年＿＿月＿＿日

第六节　轮对内侧距离检查尺、车轮直径检查尺的使用

职业（工种）名称：货车检车员　　　　　　试题编码：**623010201ABA00330901X**
考核项目：轮对内侧距离检查尺、车轮直径　　命题人：
　　　　　检查尺的使用
等级：高级工　　　　　　　　　　　　　　审核人：
复核人（审定阶段）：

一、准备通知单

（一）材料准备

序号	名称	规格	数量	备注
1	轮对		2条	
2	纸		若干	
3	碳素笔		若干	
4	止轮器		4个	

（二）工具准备

序号	名称	规格	数量	备注
1	防护红旗	360 mm×500 mm	1面	
2	轮对内侧距离检查尺		1把	
3	车轮直径检查尺		1把	

二、技能操作试题

（一）考核项目

轮对内侧距离检查尺、车轮直径检查尺的使用。

（二）分值

100 分。

（三）考核时间

（1）准备时间：1 min。

（2）正式操作时间：3 min。

（3）规定时间内完成不扣分；每超过规定时间 4.5 s 扣 1 分，不足 4.5 s 不计算；作业时间超过规定时间 50%全项失格；节约时间不加分。

（四）操作要求及技术标准

1. 车轮内侧距离检查尺的使用

轮对内侧距离检查尺的基本结构如图 2-1 所示。

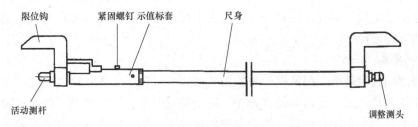

限位钩　　紧固螺钉 示值标套　　尺身

活动测杆　　　　　　　　　　　　　　调整测头

图 2-1　轮对内侧距离检查尺的基本结构

1）检测说明

将轮对内侧距离检查尺两端定位面置于两车轮轮缘顶点，尺身平行于车轴中心线，使调整测头与任一侧车轮内侧面紧靠，移动活动测杆使其紧靠另一侧车轮的内侧面，再移动活动测杆找最小距离，读取活动测杆上刻线对准示值标套上刻线的数值，此数值即为轮对内侧距离。

轮对圆周三等分处最大内侧距与最小距之差，为轮对内侧距离最大差。

2）检测要求

测量三处轮对内侧距离，三处测点的位置角度差应为 120°，即按轮对圆周三等分测量。在车轮圆周任一三等分处，以轮辋内侧面距轮缘顶部 45 mm 处测量，分别测量两轮辋内侧面之间的距离（轮对内侧距），最大与最小内侧距差为轮对内侧距最大差。

轮对内侧距离要适应钢轨距离的要求，以保证轮对能够在钢轨上正常运行。为此，根据不同的车轮轮辋宽度，制定了轮对内侧的限度标准：轮辋宽度为 134 mm 以上者，轮对内侧距离限度范围为 1 350～1 356 mm。

2. 车轮直径检查尺的使用

车轮直径检查尺的基本结构如图 2-2 所示。

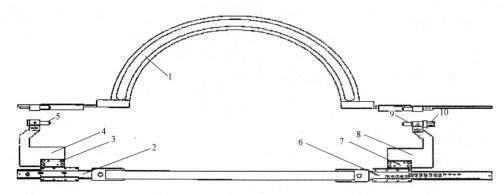

1—尺架；2—左主尺；3—左尺框；4—左定位板；5—固定测头；6—右主尺；

7—右尺框；8—右定位板；9—可调测头；10—螺母。

图 2-2　车轮直径检查尺的基本结构

1）检测说明

将左主尺尺框上刻线对正左主尺上 750 mm 的刻线，用紧固螺钉固定。再将车轮直径检查尺从车轮内侧放至车轮踏面上，使两端测爪的定位基准面紧贴轮辋内侧面，两端测头与踏面接触。移动右主尺测头找最大直径，读取右主尺尺框光标刻线对应右主尺上刻线的数值，此数值即为车轮直径。

2）检测要求

以踏面滚动圆为基准，测量同一车轮沿圆周任一两等分（相互垂直）处车轮的直径，其平均值为车轮直径，其差值为车轮直径差。同一轮对两车轮的直径差为轮对车轮直径差。同一转向架最大与最小车轮直径差为转向架车轮直径差。同一铁路货车最大与最小车轮直径差为铁路货车车轮直径差。

同一转向架最大与最小车轮直径差，装用交叉支撑装置及运行速度为 120 km/h 的转向架为 15 mm，其他转向架为 20 mm。同一车辆最大与最小车轮直径差，装用交叉支撑装置及运行速度为 120 km/h 的转向架为 30 mm，其他转向架为 40 mm。

分度值：0.1 mm；测量范围：（740～980）mm±0.2 mm。

三、配分及评分标准

职业（工种）名称：货车检车员　　　　　试题编码：623010201ABA00330901X

考核项目：轮对内侧距离检查尺、车轮直径　等级：高级工
　　　　　检查尺的使用

员工编号：　　　　　姓名：　　　　　操作时间：　　　　　核分：

项目	配分	要求	考核内容及评分标准（各项分值扣完为止）	扣分	得分
时间	20 分	3 min 内完成	每超时 4.5 s 扣 1 分，不足 4.5 s 不计算；节约时间不加分。		
安全	10 分	按照安全作业操作规程作业	1. 未按规定穿戴劳动防护用品扣 5 分。 2. 作业中轻微受伤扣 5 分。 3. 安全防护信号未展开（卷起一圈即为未展开）、落地扣 2 分；忘撤安全防护信号扣 10 分。		

续表

项目	配分	要求	考核内容及评分标准（各项分值扣完为止）	扣分	得分
程序	20分	设置安全防护信号，按照要求进行数据测量	1. 未检查量具校验日期扣3分。 2. 轮对内侧距离限度范围为（1 350±3）mm，未口述限度扣2分。 3. 损坏检查量具扣10分。 4. 测量轮对内距时，测量三处轮对内侧距离，少测量一处扣5分，最大测量误差超过实际尺寸±1 mm扣5分，超过实际尺寸±2 mm扣10分，超过实际尺寸±3 mm扣20分；轮对内侧距离检查尺身须平行于车轴中心线，未平行扣5分。 5. 测量轮径时，超过实际尺寸±1 mm扣5分，超过实际尺寸±2 mm扣10分，超过实际尺寸±3 mm扣20分；车轮直径检查尺主尺平面须与轮对内侧面贴紧，未贴紧扣5分；螺钉未固定扣3分；未对准750 mm刻线扣10分。		
质量	50分	操作技能	车轮直径（20分）　　轮对内侧距离（20分）　　轮对内侧距离最大差（10分）		
合计100分					
否决项目			1. 作业中因出现碰破、出血、起泡、挤肿等而不能正常作业时全项失格。 2. 作业时间超过规定时间50%全项失格。 3. 止轮器设置、撤除不到位全项失格。		

考评员签字：＿＿＿＿＿＿＿＿＿＿　　　　　　　　　　　　　＿＿＿＿年＿＿月＿＿日

第七节　TFDS数据查询、统计

职业（工种）名称：货车检车员　　　　　试题编码：623010201ACA00130901X
考核项目：TFDS数据查询、统计　　　　　等级：高级工
命题人：　　　　　　　　　　　　　　　审核人：
复核人（审定阶段）：

一、准备通知单

工具准备如下：

序号	名称	规格	数量	备注
1	TFDS终端机		1台	
2	鼠标		1个	
3	键盘		1个	

二、技能操作试题

（一）考核项目

TFDS数据查询、统计。

（二）分值

100 分。

（三）考核时间

（1）准备时间：1 min。

（2）正式操作时间：4 min。

（3）规定时间内完成不扣分；每超过规定时间 6 s 扣 1 分，不足 6 s 不计算；作业时间超过规定时间 50% 全项失格；节约时间不加分。

（四）操作要求及技术标准

（1）从 TFDS 首页登录，登录界面如图 2-3 所示。

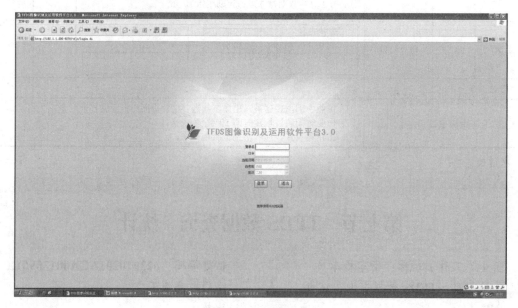

图 2-3　登录界面

（2）查询功能。

在本系统中，几乎每个功能模块都有查询接口，如图 2-4 所示。

图 2-4　查询功能

① 一般查询功能。输入查询条件，单击【查询】按钮便可查询有关数据。单击【重置】按钮，可将所有查询条件设置为系统初始默认条件。同时，探测站、行车方向、编组类型、班组等项目中都有下拉菜单，可以通过下拉菜单选项输入查询条件。在选择上述条件时，也可以通过输入各条件名称的第一个字或前两个字的拼音首字母，由系统自动找到与第一个字或前两个字匹配的选项，从而缩小查找下拉菜单的范围。

② 组合查询功能。本系统支持多条件查询，可以查询符合多个查询条件的内容。例如，输入查询条件：过车时间为"2016-5-16 00：00—2016-5-16 23：59"，行车方向为"上行"，显示结果如图 2-5 所示。

图 2-5　组合查询功能

③ 明细查询。明细查询是指双击第一行或第二行，以此类推都可以查询到该条信息录入时的状态和明细，如图 2-6 所示。如果列车信息有错误，双击输入框显示为"红色边框"，可对部分信息进行修改；灰色输入框则无法修改，如图 2-7 所示。

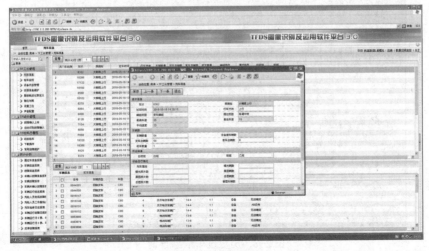

图 2-6　明细查询

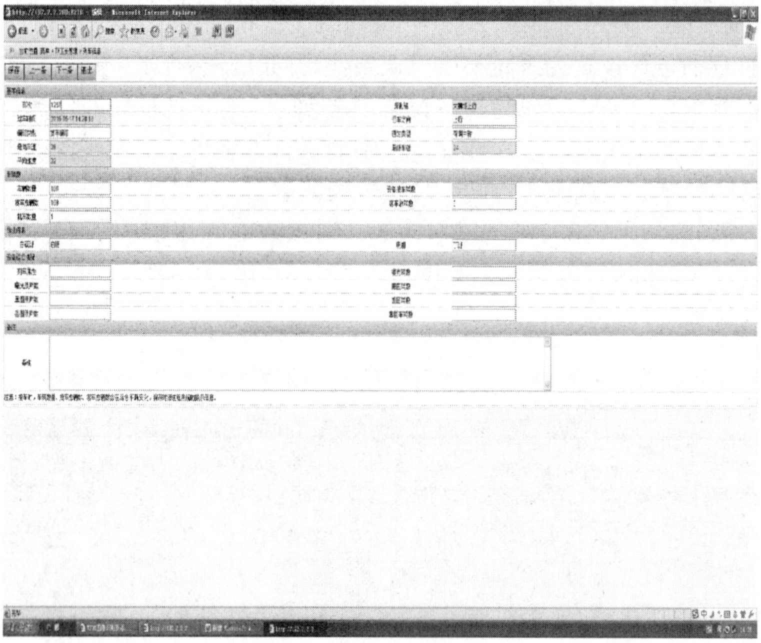

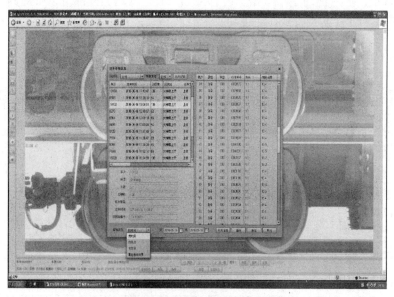

图 2-7　信息修改功能

④ 历史过车信息查询。具体操作如下：单击主接口控制区的【选择】按钮，系统弹出历史过车列表，如图 2-8 所示。此对话框左侧的列表中列出了最近经过的 20 列车。在该列表中选择列车时，相应的右侧的列表显示当前在左侧列表中选定的列车详细信息，包括各个车辆的车号信息等，左侧则显示选定列车的基本信息。左下角有查询类型下拉菜单，可按时间、车次、车号查询所需要的列车信息。

图 2-8　历史过车信息查询

⑤车辆定检信息查询。单击【侧部】按钮就能查询车辆定检信息，如图 2-9 所示。

图 2-9　车辆定检信息查询

（3）统计分析。

统计分析包括通过车信息报表、车辆信息报表、故障信息报表、列检人员发现故障统计报表、车辆运行故障日报表、车辆运行月（季、年）报表（一）、车辆运行月（季、年）报表（二）、列车运行故障按故障部件统计、列车运行故障按故障类别统计、列车运行故障预报率统计报表、关门车超限统计表。

① 通过车信息报表。用户可以通过此功能对通过车信息进行查询。进入系统主界面后，单击左侧【统计分析】菜单下的【通过车信息报表】，主界面的中间部分显示通过车信息报表，而主界面的右侧则是其查询条件界面，如图 2-10 所示。

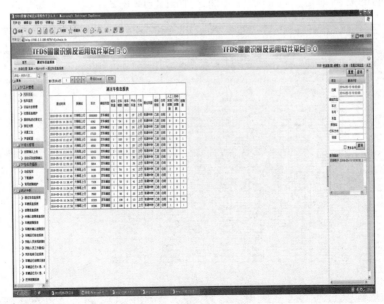

图 2-10　通过车信息报表

② 车辆信息报表。用户可以通过此功能查看历史车辆信息。进入系统主界面后，单击左侧【统计分析】菜单下的【车辆信息报表】，主界面的中间部分显示车辆信息报表，而主界面的右侧则是其查询条件界面，如图 2-11 所示。

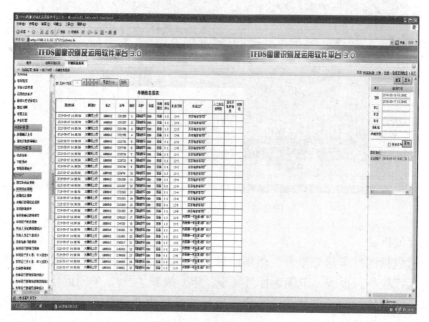

图 2-11　车辆信息报表

③ 故障信息报表。用户可以通过此功能对铁路货车运行故障信息进行查询。进入系统主界面后，单击左侧【统计分析】菜单下的【故障信息报表】，主界面的中间部分显示故障信息报表，而主界面的右侧则是其查询条件界面，如图 2-12 所示。

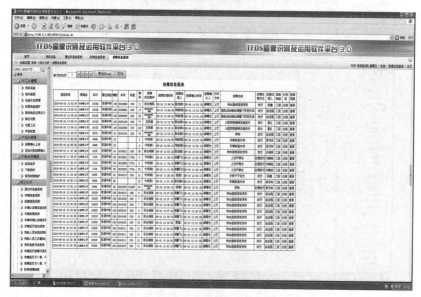

图 2-12　故障信息报表

④ 列检人员发现故障统计报表。此功能为用户提供发现故障信息。进入系统主界面后，单击左侧【统计分析】菜单下的【列检人员发现故障统计报表】，主界面的中间部分显示列检人员发现故障统计报表，而主界面的右侧则是其查询条件界面，如图 2-13 所示。

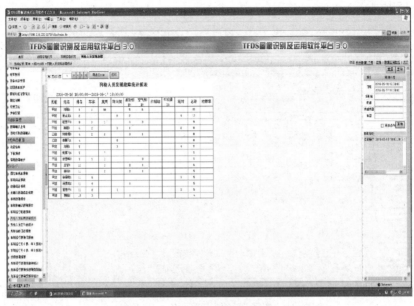

图 2-13 列检人员发现故障统计报表

⑤ 车辆运行故障日报表。用户可以通过此功能按照日期对列车运行故障信息进行查询。进入系统主界面后，单击左侧【统计分析】菜单下的【车辆运行故障日报表】，主界面的中间部分显示车辆运行故障日报表，而主界面的右侧则是其查询条件界面，如图 2-14 所示。

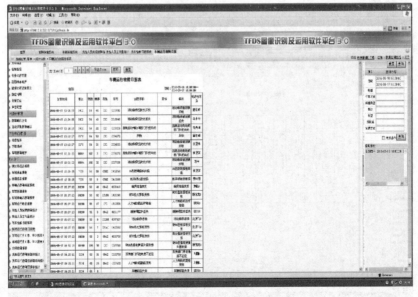

图 2-14 车辆运行故障日报表

⑥ 车辆运行月（季、年）报表（一）。用户可以通过此功能按月对车辆运行信息进行查询。进入系统主界面后，单击左侧【统计分析】菜单下的【车辆运行月（季、年）报表（一）】，主界面的中间部分显示车辆运行月（季、年）报表（一），而主界面的右侧则是其查询条件界面，如图 2-15 所示。

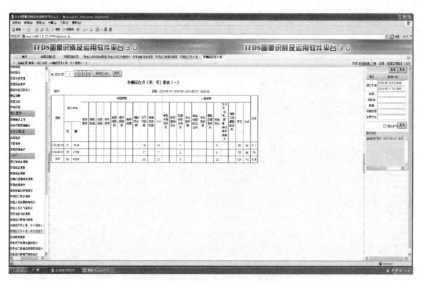

图 2-15　车辆运行月（季、年）报表（一）

⑦ 车辆运行月（季、年）报表（二）。用户可以通过此功能按月对车辆运行信息进行查询。进入系统主界面后，单击左侧【统计分析】菜单下的【车辆运行月（季、年）报表（二）】，主界面的中间部分显示车辆运行月（季、年）报表（二），而主界面的右侧则是其查询条件界面，如图 2-16 所示。

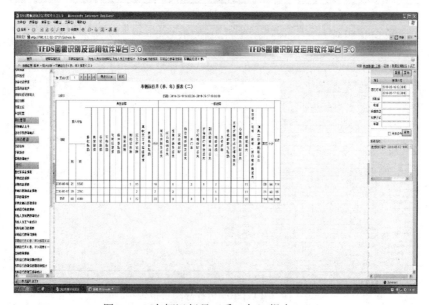

图 2-16　车辆运行月（季、年）报表（二）

⑧ 列车运行故障按故障部件统计。用户可以通过此功能对铁路货车运行故障信息按故障部件进行查询。进入系统主界面后，单击左侧【统计分析】菜单下的【列车运行故障按故障部件统计】，主界面的中间部分显示列车运行故障按故障部件统计，而主界面的右侧则是其查询条件界面，如图 2-17 所示。

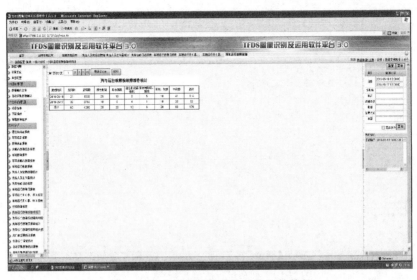

图 2-17　列车运行故障按故障部件统计

⑨ 列车运行故障按故障类别统计。用户可以通过此功能对铁路货车运行故障信息按故障类别进行查询。进入系统主界面后，单击左侧【统计分析】菜单下的【列车运行故障按故障类别统计】，主界面的中间部分显示列车运行故障按故障类别统计，而主界面的右侧则是其查询条件界面，如图 2-18 所示。

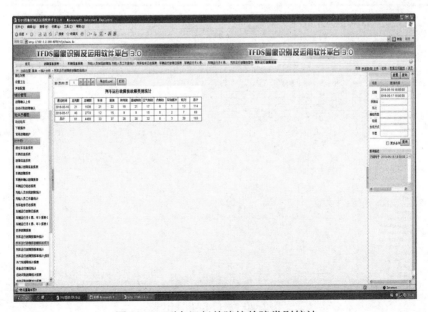

图 2-18　列车运行故障按故障类别统计

⑩ 列车运行故障预报率统计报表。用户可以通过此功能查看预报故障信息。进入系统主界面后，单击左侧【统计分析】菜单下的【列车运行故障预报率统计报表】，主界面的中间部分显示列车运行故障预报率统计报表，而主界面的右侧则是其查询条件界面，如图 2-19 所示。

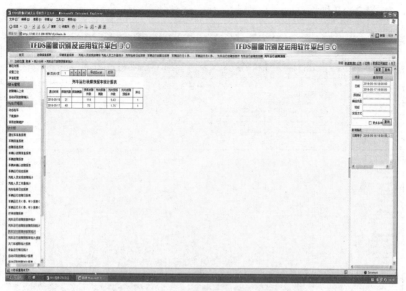

图 2-19　列车运行故障预报率统计报表

⑪ 关门车超限统计表。用户可以通过此功能查看关门车超限信息。进入系统主界面后，单击左侧【统计分析】菜单下的【关门车超限统计表】，主界面的中间部分显示关门车超限统计表，而主界面的右侧则是其查询条件界面，如图 2-20 所示。

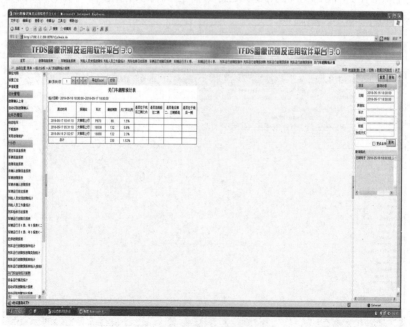

图 2-20　关门车超限统计表

三、配分及评分标准

职业（工种）名称：货车检车员　　　　　试题编码：**623010201ACA00130901X**

考核项目：**TFDS 数据查询、统计**　　　　等级：高级工

员工编号：　　　　　姓名：　　　　　操作时间：　　　　核分：

项目	配分	考核内容及评分标准（各项分值扣完为止）	扣分	得分
时间	20 分	规定时间 4 min；每超时 6 s 扣 1 分，不足 6 s 不计算；节约时间不加分。		
安全	10 分	1. 未按规定穿戴劳动防护用品扣 5 分。 2. 未按规定操作微机，每次扣 2 分。		
质量	70 分	1. 以下报表未找到，每少一项扣 5 分。 （1）通过车信息报表。 （2）车辆信息报表。 （3）故障信息报表。 （4）列检人员发现故障统计报表。 （5）车辆运行故障日报表。 （6）车辆运行月（季、年）报表（一）。 （7）车辆运行月（季、年）报表（二）。 2. 以下报表未找到，每少一项扣 3 分；统计分析错误，每项扣 5 分。 （1）列车运行故障按故障部件统计。 （2）列车运行故障按故障类别统计。 （3）列车运行故障预报率统计报表。 （4）关门车超限统计表。 3. 给出车号未查找出车型、定检日期、编挂位置、编组辆数，每少一项扣 5 分。 4. 不会修改车次扣 5 分。		
合计 100 分				
否决项目		1. 作业时间超过规定时间 50% 全项失格。 2. 未登录 TPDS 并运用子系统全项失格。		

考评员签字：_____　　　　　　　　　_____年___月___日

第八节　货车钩舌报废鉴定

职业（工种）名称：货车检车员　　　　　试题编码：**623010201ACA00230901X**

考核项目：货车钩舌报废鉴定　　　　　等级：高级工

命题人：　　　　　　　　　　　　　　审核人：

复核人（审定阶段）：

一、准备通知单

（一）材料准备

序号	名称	规格	数量	备注
1	钩舌		1 个	
2	铁路货车段修规程		1 本	2012 版
3	铁路货车厂修规程		1 本	2018 版
4	碳素笔、草稿纸		若干	

（二）工具、量具准备

序号	名称	规格	数量	备注
1	手电筒		1 个	
2	检车锤		1 个	
3	钢卷尺	2 m	1 个	
4	直钢尺	200 mm	1 把	
5	钩舌外胀量规	13 型	1 个	
6	钩舌厚度量规	13 型	1 个	
7	钩舌锁面厚度量规		1 个	
8	钩舌销孔、钩锁座入量检修量规		1 个	

二、技能操作试题

（一）考核项目
货车钩舌报废鉴定。

（二）分值
100 分。

（三）考核时间
（1）准备时间：1 min。

（2）正式操作时间：20 min。

（3）规定时间内完成不扣分；每超过规定时间 1 min 扣 1 分，不足 1 min 不计算；超过规定时间 50%全项失格；节约时间不加分。

（四）操作要求及技术标准
（1）准备工具及必要量具。

（2）从钩舌腕部开始检查，检查裂纹时，手电筒从 45°角方向查看。

（3）钩舌三维图（见图 2-21）。

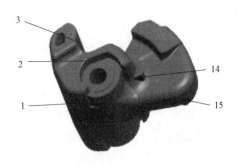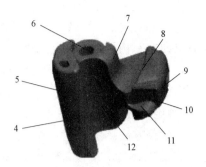

1—全开止挡；2—护销突缘；3—牵引曲面；4—钩舌鼻；5—钩舌正面；6—钩舌销孔；7—冲击突肩；8—牵引突缘；
9—钩舌尾端面；10—钩舌锁面；11—钩锁承台；12—钩舌内腕；13—下锁销防跳面；14—钩舌推铁面；15—钩舌止端。

图 2-21　钩舌三维图

（4）裂纹测量及报废条件。

① 钩舌无制造单位、时间标记须报废。

② 钩舌满 20 年及以上时须报废。

③ 普通碳钢钩舌须报废。C 级钢、E 级钢钩舌弯角处裂纹时须更换，内侧面裂纹时须焊修。

④ 钩舌上、下牵引台根部圆弧裂纹长度不大于 30 mm 且裂纹深度不大于 1 mm 时可磨修至与周围表面圆滑过渡，长度大于 30 mm 或深度大于 1 mm 时须更换。

⑤ 钩舌护销凸缘缺损时须更换；裂纹向孔内延伸（突缘高度除外）不大于 10 mm 时须焊修，大于 10 mm 时须更换；冲击台缺损或销孔边缘裂纹延及钩舌体时须更换，未延及时须焊修。

⑥ 钩舌外胀大于 6 mm 时须更换。检测方法：作业人员调整钩舌位置并面向钩舌尾部，将 13 型钩舌外胀量规 a、b 点分别贴靠钩舌尾部和钩舌外侧面弯曲部位（见图 2-22），查看 c 点与钩舌鼻部外侧面接触时，钩舌外胀超限。

⑦ 钩舌内侧面磨耗剩余厚度：13 型不足 68 mm、13A 型或 13B 型不足 69 mm 时，须堆焊后加工（或更换）。检测方法：作业人员调整钩舌位置并面向钩舌鼻部外侧面，将 13 型钩舌厚度量规放在距钩舌上、下边缘处（13 型向内 50 mm、13A 型或 13B 型向内 60 mm 处），使量规 A、B 点和 C 部分别与钩舌正面、钩舌鼻部和钩舌内腕贴靠（见图 2-23），移动主尺与钩舌 S 面接触。

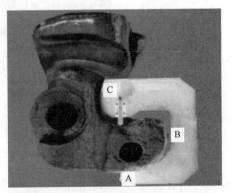

图 2-22　钩舌外胀检测　　　　图 2-23　钩舌内侧面磨耗剩余厚度检测

⑧ 钩舌锁面磨耗大于 3 mm 时，须堆焊后磨平。检测方法：作业人员调整钩舌位置并面向钩舌外侧面，将钩舌锁面厚度量规三处凸起卡入钩舌尾部（见图 2-24），对准钩舌锁面磨耗最深处，推动主尺使其与钩舌锁面磨耗最深处接触，滑尺压片刻线所对应主尺上的尺寸即是钩舌锁面磨耗。

⑨ 钩锁坐入量最小处不足 45 mm 时须加修恢复原型，钩锁承台磨耗过限时须堆焊磨修恢复原型。检测方法：作业人员调整钩舌位置并面向钩舌尾部，分别将钩舌销孔、钩锁坐入量检修量规 45Z（52Z）端卡入钩锁承台（见图 2-25），45 Z 端不得与坐锁曲面接触，52 Z 端不得与上坐锁面接触，接触时磨耗超限。

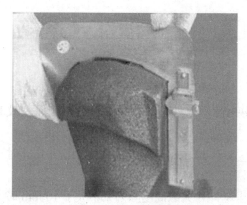

图 2-24 钩舌锁面磨耗检测

图 2-25 钩锁坐入量检测

⑩ 钩舌销孔或衬套内径磨耗大于 2 mm 时须换套；原有衬套松动、裂纹、缺损时须更换。检测方法：作业人员调整钩舌位置并面向钩舌鼻部外侧面，将钩舌销孔、钩锁坐入量检修量规 45Z 端插入钩舌销孔或衬套孔（见图 2-26），插入量至 20 mm 止不住（45Z 端完全插入）时，钩舌销孔或衬套孔磨耗超限。

图 2-25 钩舌销孔或衬套内径磨耗检测

⑪ 钩舌销孔直径大于 54 mm 时须更换钩舌。检测方法：作业人员调整钩舌位置并面向钩舌鼻部外侧面，将 13 型钩耳孔、钩舌销孔修复量规 54Z 端垂直插入钩舌销孔（见图 2-25），

插入量至 20 mm 止不住（54Z 端完全插入）时，钩舌销孔磨耗超限。

（5）对钩舌各部位用检测样板进行检测。

（6）提出处理意见（书面）。

（7）填写处理加修单（报废时提交报废数据）。

（8）填写配件报废鉴定记录（见附件 2–1）。

附件 2–1　配件报废鉴定记录

序号	配件名称	铸造号				故障信息	报废/加修	备注
		规格型号	制造厂家	制造日期	铸造编号			
1								
2								
3								
4								
5								
6								

填表人：　　　　　　日期：　　　　　

三、配分及评分标准

职业（工种）名称：货车检车员　　　　　　试题编码：**623010201ACA00230901X**

考核项目：货车钩舌报废鉴定　　　　　　　等级：高级工

员工编号：　　　　　姓名：　　　　　操作时间：　　　　　核分：

项目	配分	考核内容	评分标准（各项分值扣完为止）	扣分	得分
时间	10 分	规定时间 20 min。	每超时 1 min 扣 1 分，不足 1 min 不计算；节约时间不加分。		
安全	10 分	1. 着装符合规定，穿戴工作服、帽、手套。 2. 作业过程中不得碰破、出血、起泡。	1. 着装穿戴不符合规定扣 5 分。 2. 作业中轻微受伤扣 5 分。		
程序	20 分	1. 准备工具，检查工具的技术状态。 2. 检查钩舌。检查时发现故障，做好记录并按段修限度进行鉴定。 3. 分别对钩舌各部位用检测样板进行测量。 4. 测量裂纹并做好记录。 5. 填写相关报单。	1. 未按规定顺序作业或顺序颠倒，每次扣 5 分。 2. 未进行钩舌外观检查扣 5 分。 3. 未口述钩舌寿命管理年限扣 5 分。 4. 样板量具使用不规范，每次扣 3 分；样板量具损坏，每件扣 10 分。 5. 完工后工具、材料未放回指定地点，每件扣 2 分。 6. 填写鉴定记录单，每漏填或填错一项扣 2 分。		

项目	配分	考核内容	评分标准（各项分值扣完为止）	扣分	得分
质量	60分	1. 裂纹尺寸测量准确，误差不超过±1 mm。 2. 加修处理意见正确。 3. 各部位检查全面，不漏检。 4. 鉴定意见填写正确。 5. 发现故障情况： | 故障编号	1	2	3
---	---	---	---
表述正确			
表述不正确					1. 尺寸测量误差不超过±1 mm，每超过±1 mm 扣 5 分；测量结果未做记录，每处扣 2 分。 2. 根据鉴定结果做出加修或报废的判定，判断错误扣 20 分。 3. 漏检查部位，每处扣 5 分。 4. 填写错误，每处扣 2 分；无处理意见或不准确扣 10 分。 5. 共设 3 处故障，每少发现一处扣 20 分。		
合计 100 分					
否决项目	1. 作业中因出现碰破、出血、起泡、挤肿等而不能正常作业时全项失格。 2. 作业时间超过规定时间 50% 全项失格。 3. 发现故障不足 60% 全项失格。				

考评员签字：_____　　　　　　　_____年____月____日

第三章 技师货车检车员操作项目

第一节 模拟调查车辆热轴耽误列车事故

职业（工种）名称：货车检车员　　　　试题编码：**62301020201AAA00120901X**

考核项目：模拟调查车辆热轴耽误列车事故　　等级：技师

命题人：　　　　　　　　　　　　　　　　审核人：

复核人（审定阶段）：

一、准备通知单

（一）材料准备

序号	名称	规格	数量	备注
1	热轴车辆		1辆	
2	相机		1台	
3	录音笔		1支	
4	碳素笔、草稿纸		若干	
5	铁路技术管理规程		1本	2014版
6	铁路货车段修规程		1本	2012版
7	铁路货车厂修规程		1本	2018版
8	铁路货车运用维修规程		1本	2018版
9	铁路交通事故调查处理规则		1本	2007版
10	铁路车辆安全管理规则		1本	2015版
11	红外线轴温探测系统管理检修运用规程		1本	

（二）工具准备

序号	名称	规格	数量	备注
1	点温计		1个	
2	轴承故障诊断仪		1台	
3	第四种检查器		1把	
4	千斤顶	20 t	1台	
5	垫木		2块	
6	止轮器		4个	
7	承载鞍吊卡		1把	
8	防护红旗	360 mm×500 mm	1面	
9	活扳手	300 mm	1把	
10	车轮直径检查尺		1把	

二、技能操作试题

（一）考核项目

模拟调查车辆热轴耽误列车事故。

（二）分值

100 分。

（三）考核时间

（1）准备时间：1 min。

（2）正式操作时间：20 min。

（3）规定时间内完成不扣分；每超过规定时间 1 min 扣 1 分，不足 1 min 不计算；作业时间超过规定时间 50%全项失格。

（四）操作要求及技术标准

（1）调查人员到达现场后，先在列车两端设置安全防护信号。

（2）做好安全工作后，依次调查和记载下列基本内容。

① 第一步：向司机了解停车地点，停、开车时间，列车车次、编组辆数；热轴故障车编组位置、车种车型车号，检查的轴位，司机判断和处理情况；货物装载情况，有关人员姓名。

③ 第二步：根据红外线预报的内容，对现车进行调查。核对车种车型车号、所属局段、车辆定检及临修标记、热轴位数；点温计点温，记载温度、温升，记载滚动轴承标志板内容。

③ 第三步：调查车辆技术状态。

- 转向架形式及车轴种类。
- 车轮是否整圆及有无擦伤、剥离、凹入或磨耗的情况。
- 心盘垫板是否破损、松动，以及旁承间隙的情况。
- 货物是否超载、偏载、集重。
- 掌握列车运行及红外线探测轴温的情况。
- 检查车辆侧架与轴承间隙。

④ 第四步：轴承外观检查，起镐验轴，判断故障。

- 确认插设好安全防护标志。
- 关闭截断塞门，放置卡物，排净副风缸的压力空气。
- 安装好承载鞍卡具，在故障车轮的两端放好止轮器，卸下轴承挡键。
- 放好压轮器、稳镐，将千斤顶开关关闭，起镐顶起侧架。
- 安放轴承故障诊断仪，打开开关，将轴承故障诊断触头吸附于轴承前盖螺栓帽上；左右转动轴承外圈各三圈以上，转动时要平稳，手向上托起轴承转动时手感轴承内部有无振动、拌劲及卡滞现象，同时检查轴向间隙和径向间隙，并按照"七字"检查法综合判断故障。
- 检查轴承外圈、前后密封罩、后挡、前盖有无裂损脱出等异常现象。
- 检查前后密封罩处的油脂漏泄情况及油脂状态。
- 检查车轮踏面损伤情况。落镐要缓慢均匀，做好呼唤应答，并检查承载鞍是否落实正位。
- 卸下卡具，取出压轮器及千斤顶。
- 安装轴承挡键。

• 停止排风，开通截断塞门，取出止轮器。

（3）综合调查情况进行原因分析，如 C_{64K} 4917840 车，踏面擦伤超限，车辆在运用中受到震动，引起热轴。

（4）明确处理方法，如送××车辆段返空换轮。

（5）提出扣修单意见。

（6）填写相关报单（附件 3-1）。

三、配分及评分标准

职业（工种）名称：货车检车员　　　　　　试题编码：623010201AAA00120901X
考核项目：模拟调查车辆热轴耽误列车事故　　等级：技师

员工编号：　　　　　姓名：　　　　　操作时间：　　　　　核分：

项目	配分	考核内容及评分标准（各项分值扣完为止）	扣分	得分
时间	10分	规定时间 20 min；每超时 1 min 扣 1 分，不足 1 min 不计算。		
安全	10分	1. 未按规定穿戴劳动防护用品扣 5 分。 2. 作业中轻微受伤扣 5 分。 3. 承载鞍吊卡安放不牢固扣 5 分。		
程序	20分	1. 插设安全防护信号。 2. 勘察现场。 3. 记录故障的发生概况。 4. 对故障车辆进行全面检查。 5. 对故障发生的关系人进行调查。 6. 关闭截断塞门，放置卡物，排净副风缸的压力空气。 7. 安装好承载鞍卡具，在故障车轮的两端放好止轮器。 8. 卸下轴承挡键。 9. 放好止轮器、稳镐，将千斤顶开关关闭，起镐顶起侧架。 10. 安放轴承故障诊断仪，卸下卡具，取出止轮器及千斤顶。 11. 安装轴承挡键。 12. 停止排风，开通截断塞门，取出止轮器。 以上程序顺序颠倒一次扣 5 分。		
质量	60分	1. 未勘察现场扣 10 分。 2. 停车地点、开车时间、列车车次、编组辆数、热轴故障车编组位置、车种车型车号、检查的轴位、有关人员姓名、车辆定检、温度及温升、滚动轴承标志板内容，以上内容每少记录一项扣 3 分。 3. 未对滚动轴承外圈进行复测扣 10 分；测量位置不正确扣 5 分。 4. 未检查承载鞍、轴承外圈、前后密封罩、后挡、前盖有无裂损脱出等异常现象扣 5 分；未检查前后密封罩处的油脂漏泄情况及油脂状态扣 3 分。 5. 未使用轴承诊断仪或使用错误扣 30 分。 6. 未拆卸或安装挡键螺栓扣 10 分；螺栓未紧固扣 5 分。 7. 未检查量具技术状态、校验日期扣 5 分；损坏检查器扣 10 分。 8. 未填写事故调查表扣 20 分。		
合计 100 分				
否决项目		1. 作业中因出现碰破、出血、起泡、挤肿等而不能正常作业时全项失格。 2. 未插设安全防护信号便开始作业全项失格（包括作业中信号落地且在作业结束前未重新插设）。 3. 作业时间超过规定时间 50%全项失格。		

高级考评员签字：＿＿＿＿＿＿＿　　　　　　　　　　＿＿＿＿年＿＿月＿＿日

附件 3-1　铁路货车热轴故障调查表

基本情况

日期	时间	来车方向	车次	编组辆数	热轴辆序	热轴方位	预报等级	温度	环温	温升	车种车型	车号	用车地点

4T查询

THDS

探测站名称	前方3个点轴温探测情况				前一个轴温探测站情况			
	到达时间	结束时间	机车车号	停车时间	温度	环温	温升	预报情况
	列车司机姓名	恢复时间	装载					

TPDS

有无预报	预报探点	预报级别	发站	到站

TADS

有无预报	预报探点	预报级别	轴承外观	临修	温度

TFDS

轴承有无故障	预报探点	转动情况	闸调器型号	转向架型号	环温	温升

现场调查

热轴轴承标志板				对应端轴承标志板			
A栏	B栏	C栏	D栏	A栏	B栏	C栏	D栏

前次定检日期及单位				点温计测温	
厂修	段修	轴检	临修	温度	环温

轮对状况	轴承	有无抱闸	调查人员	其他

现场处理结果

轮对更换

换轮日期	轴承分解结果

第二节 模拟调查列车分离事故（C_{70}、C_{80}型敞车）

职业（工种）名称：货车检车员　　　　　试题编码：623010201AAA00220901X

考核项目：模拟调查列车分离事故　　　　等级：技师
　　　　　（C_{70}、C_{80}型敞车）

命题人：　　　　　　　　　　　　　　　审核人：

复核人（审定阶段）：

一、准备通知单

（一）材料准备

序号	名称	规格	数量	备注
1	事故车辆	C_{70}型和C_{80}型敞车	各1辆	
2	防护红旗	360 mm×500 mm	1面	
3	相机		1台	
4	录音笔		1支	
5	碳素笔、草稿纸		若干	
6	铁路技术管理规程		1本	2014版
7	铁路货车段修规程		1本	2012版
8	铁路货车厂修规程		1本	2018版
9	铁路货车运用维修规程		1本	2018版
10	铁路交通事故调查处理规则		1本	2007版
11	铁路车辆安全管理规则		1本	2015版

（二）工具、量具准备

序号	名称	规格	数量	备注
1	钩锁销与钩舌搭接量检测量规	16、17型	1把	
2	锁铁托具		1把	
3	车钩闭锁位检测量规	16、17型	1把	
4	车钩全开位检测量规	16、17型	1把	
5	车钩中心高度测量尺		1把	
6	车钩连锁套头、连锁套口检测量规	16、17型	1把	
7	钩舌钩锁坐入量检测量规	16型	1把	
8	下锁销杆防跳台样板	16型	1把	
9	下锁销杆防跳台样板	17型	1把	

续表

序号	名称	规格	数量	备注
10	钩锁检测量规	16型	1把	
11	阶梯塞尺		1把	
12	手锤	13.5 kg	1把	
13	手电筒		1个	
14	劈销器		1把	
15	开口销		若干	

二、技能操作试题

（一）考核项目

模拟调查列车分离事故（C_{70}、C_{80}型敞车）。

（二）分值

100分。

（三）考核时间

（1）准备时间：1 min。

（2）正式操作时间：20 min。

（3）规定时间内完成不扣分；每超过规定时间1 min扣1分，不足1 min不计算；作业时间超过规定时间50%全项失格。

（四）操作要求及技术标准

（1）调查人员到达现场后，先在列车两端设置安全防护信号，绘制事故现场草图，确认事故车和关系车。

（2）勘察现场，对事故现场进行拍摄，收集车辆散落部件，对沿途散落的配件名称及地点进行记载并拍摄。

（3）调查事故概况，包括事故发生的时间（到达、甩车及晚点时分）及地点、车次、发站、编组辆数、牵引吨数、列车换长、货物装载情况、中断行车时间等。

（4）调查铁路货车基本信息，包括故障铁路货车及关系铁路货车的编组顺位、车种车型车号、铁路货车定检日期及处所、破损部件名称、部位、转向架型号、车钩缓冲装置型号、闸瓦间隙调整器型号、制动机型号等。

（5）调查前方列检作业情况，包括前方列检列车技术作业情况、列车制动机试验记录及前方货车安全防范系统相关信息等。

（6）向车务部门了解相关情况，包括车站有关人员姓名、发生分离前列车停留情况、是否有从车钩连挂处通过、施工事故是否对铁路事故有影响等，做好录音记录。

（7）向机务部门了解相关情况，包括机车型号、司机姓名、列车中途运行情况（加挂、甩车、停车）、机车中途换挂及操纵情况、列车运行正点时分及晚点时分，做好录音记录。

（8）向工务部门了解相关情况，包括区间线路坡度，曲线半径或加宽、加高状态，以及限速要求等，做好录音记录。

（9）车钩技术数据。

① 造成分离车钩的三态作用情况：16、17 型钩舌与钩腕内侧距离，闭锁位置≤100 mm，全开位置≥219 mm。

② 分离处两车辆的相邻车钩的中心高度：车钩最高≤890 mm，最低（空车）≥835 mm、最低（重车）≥815 mm，两车钩连挂后车钩互钩差≤75 mm。

③ 造成分离车钩的钩提杆有无变形、弯曲。

④ 造成分离车钩的钩提杆与钩提杆座的间隙是否符合规定。下作用车钩钩体杆扁平部位与钩提杆座扁孔间隙≤3 mm。

⑤ 下锁销顶面与钩舌座锁台下面的搭接量为 6.5～14.5 mm。

⑥ 16、17 型防跳插销 B 部间隙≤8 mm。

• 对事故车钩进行分解检查：检查钩身有无裂纹、弯曲，钩腔内侧壁有无磨耗；检查下锁销孔、上下钩耳孔、上下弧面弯角、上下牵引台、钩腔内部、连锁套头、连锁套口有无裂纹；检查钩舌、钩锁、钩舌推铁、下锁销组成及钩舌销有无裂纹、破损、变形。

• 用量具检测故障车车钩以下各部位：连锁套头磨耗深度≤6 mm，连锁套口磨耗深度≤6 mm；16 型钩舌钩锁坐入量≥45 mm，16 型钩舌鼻部磨耗≤5 mm；16 型下锁销杆防跳台磨耗≤1 mm，17 型下锁销杆防跳台磨耗≤1 mm。

• 16 型钩锁厚度为 $84^{+1}_{-0.5}$ mm。16、17 型钩舌外胀不大于 6 mm，钩舌厚度磨耗不大于 4 mm，钩舌锁面磨耗不大于 3 mm，钩锁坐入量不小于 45 mm，钩舌销孔磨耗不大于 3 mm，钩耳孔长、短径磨耗不大于 3 mm。

（10）组装车钩，对故障配件进行更换。

（11）综合调查情况进行原因分析，如 C_{70} 0031658 车，钩舌破损折断造成列车分离。

（12）明确处理方法，更换钩舌。

（13）提出扣修单位意见，该事故责任由××车辆段、××始发列检负责。

（14）填写相关报单（附件 3-2、附件 3-3）。

（15）撤除安全防护信号。

三、配分及评分标准

职业（工种）名称：货车检车员　　　　试题编码：623010201AAA00220901X
考核项目：模拟调查列车分离事故　　　等级：技师
　　　　（C_{70}、C_{80} 型敞车）

员工编号：　　　姓名：　　　操作时间：　　　核分：

项目	配分	考核内容	评分标准（各项分值扣完为止）	扣分	得分
时间	10分	规定时间 20 min。	每超时 1 min 扣 1 分，不足 1 min 不计算；超过规定时间 50%全项失格		
安全	10分	1. 着装符合规定，正确穿戴劳动防护用品。 2. 作业中不得出现碰破、出血、起泡、挤肿。	1. 着装穿戴不符合规定扣 5 分。 2. 作业中轻微受伤扣 5 分。		

续表

项目	配分	考核内容	评分标准（各项分值扣完为止）	扣分	得分
程序及质量	80分	1. 插设安全防护信号。 2. 勘察现场，对事故现场进行拍摄；收集散落车辆部件，对沿途散落的配件名称、地点进行记载并拍摄，查看车辆破损情况。 3. 询问关系人并录音，填写列车分离事故调查表（附件3-3）中的事故概况和前方列检作业情况。 4. 调查是否有人为破坏迹象。	1. 现场勘察内容不全，每处扣2分。 2. 未收集散落的车辆配件、未查看车辆破损分别扣5分。 3. 未拍摄图片、视频扣5分。 4. 未对关系人进行询问扣5分；询问关系人时未进行录音扣2分。 5. 未调查是否有人为破坏情况扣5分。 6. 未绘制事故现场草图扣5分。		
		5. 检查故障车以下各部位的技术状态： （1）检查钩提杆、钩提杆座及链环有无裂纹、破损及弯曲变形。 （2）检查钩尾框、钩尾销、钩尾销托梁、安全托板和钩尾框托板及螺栓等的技术状态。 （3）检查制动软管的损坏状态。 （4）检查基础制动装置的技术状态。 （5）检查车轮踏面是否擦伤。	1. 检查过程中漏检零部件，每件扣5分。 2. 故障叙述不准确，每处扣1分。		
		6. 用量具测量故障车钩以下各部位： （1）下作用车钩钩提杆扁平部位与钩提杆座的扁孔间隙≤3 mm。 （2）下锁销顶面与钩舌座锁台下面的搭接量为6.5～14.5 mm。 （3）16、17型车钩处于闭锁位置时钩舌内侧面与钩腕内侧面距离≤100 mm；处于全开位置时钩舌内侧面与钩体正面距离≥219 mm。 （4）16、17型防跳插销B部间隙≤8 mm。 （5）故障车钩中心高度：最高≤890 mm，最低（空车）≥835 mm，最低（重车）≥815 mm。	1. 未用量具测量，每件扣5分。 2. 量具使用不规范，每处扣1分。		
		7. 分解故障车车钩： （1）检查钩身有无裂纹、弯曲，钩腔内侧壁有无磨耗。 （2）检查下锁销孔、上下钩耳孔、上下弧面弯角、上下牵引台、钩腔内部、连锁套头、连锁套口有无裂纹。 （3）检查钩舌、钩锁、钩舌推铁、下锁销组成及钩舌销有无裂纹、破损、变形。 8. 用量具测量故障车车钩以下各部位： （1）连锁套头磨耗深度≤6 mm，连锁套口磨耗深度≤6 mm。 （2）16型钩舌钩锁坐入量≥45 mm，16型钩舌鼻部磨耗≤5 mm。	1. 检查过程中漏检零部件，每件扣5分。 2. 故障叙述不准确，每处扣1分。 3. 未用量具测量，每件扣5分。 4. 量具使用不规范，每处扣1分。		

项目	配分	考核内容	评分标准（各项分值扣完为止）	扣分	得分
程序及质量	80 分	（3）16 型下锁销杆防跳台磨耗≤1 mm，17 型下锁销杆防跳台磨耗≤1 mm。 （4）16 型钩锁厚度为 $84^{+1}_{-0.5}$ mm。 9. 组装车钩，对故障配件进行更换。 10. 复查故障车车钩和检测关系车车钩以下各部位： （1）下作用车钩钩提杆扁平部位与钩提杆座的扁孔间隙≤3 mm。 （2）下锁销顶面与钩舌座锁台下面的搭接量为 6.5～14.5 mm。 （3）16、17 型车钩处于闭锁位置时钩舌内侧面与钩腕内侧面距离≤100 mm；处于全开位置时钩舌内侧面与钩体正面距离≥219 mm。 （4）16、17 型防跳插销 B 部间隙≤8 mm。 （5）故障车车钩中心高度：最高≤890 mm，最低（空车）≥835 mm、最低（重车）≥815 mm；两车钩连挂后车钩互钩差≤75 mm。 11. 检查关系车以下各部位的技术状态： （1）检查钩提杆、钩提杆座及链环有无裂纹、破损及弯曲变形。 （2）检查钩尾框、钩尾销、钩尾销托梁、安全托板和钩尾框托板及螺栓等的技术状态。 （3）检查制动软管的损坏状态。 （4）检查基础制动装置的技术状态。 （5）检查车轮踏面是否擦伤。 12. 查阅相关规章制度并填写事故调查表（附件 3－2、附件 3－3）。	1. 未用量具测量，每件扣 5 分。 2. 量具使用不规范，每处扣 1 分。 3. 检查过程中漏检零部件，每件扣 5 分。 4. 故障叙述不正确，每处扣 1 分。 5. 未查阅相关规章制度扣 3 分。 6. 未填写事故调查表（附件 3－2、附件 3－3），各扣 20 分。 7. 事故调查鉴定意见与车钩分离原因不一致扣 10 分。 8. 事故调查表内容漏填、错填，每处扣 1 分。		
合计 100 分					
否决项目		1. 作业中因出现碰破、出血、起泡、挤肿等而不能正常作业时全项失格。 2. 作业时间超过规定时间 50% 全项失格。			

高级考评员签字：＿＿＿＿＿＿＿＿＿＿　　　　　　　　　　＿＿＿＿＿＿年＿＿＿月＿＿＿日

附件 3-2 列车自动分离车钩缓冲装置状态调查表

调查单位：　　　　　作业场：　　　　　调查时间：　　年　　月　　日

发生时间	年 月 日 时 分			
列车开行时间	年 月 日 时 分			
车次				
发生地点	线别 区间	坡度 ‰	是否过曲线、道岔	曲线半径
故障车概况	车种、车型、车号	车钩型号	编挂位置	车钩位数
关系车概况	车种、车型、车号	车钩型号	编挂位置	车钩位数
	厂修 年 月 日 单位：时间：	段修 年 月 日 单位：时间：	临修 年 月 日 单位：时间：	
故障车货物装载情况	空　重	品名		
关系车货物装置情况	空　重	品名		
制造单位及日期				
钩身	裂纹、破损位置及长度	钩身弯曲	钩腔内侧壁磨耗	钩腔内防跳台磨耗
钩舌销	弯曲	断裂后剩余长度		
钩舌	钩舌销孔套与钩耳孔套状态	钩舌销孔磨耗	钩承合磨耗	钩舌 S 面磨耗
制造单位及日期				
其他附属配件	钩锁厚度磨耗	钩销导向面磨耗	锁铁挂轴磨耗	上锁销杆上端面防跳部位磨耗 上锁销杆挂钩口磨耗
	上锁销孔磨耗			
车钩组装后相关尺寸	车钩高度（故障车 关系车 互钩差是否大于 75 mm）	上作用钩提钩杆与锁销杆顶部的纵向位移	上作用钩提杆横向移动量（向左 向右）	防跳间隙 钩提杆链松余量
钩舌与钩腕内侧面距离	闭锁位 全开位			

附件 3-3　列车分离事故调查表

调查单位：　　　　　　　　　　　　调查人员：　　　　　　　　　　调查时间：　　　年　月　日

<table>
<tr><td rowspan="6">一、事故概况</td><td colspan="8">发生时间：　　　年　月　日　时　分</td></tr>
<tr><td colspan="8">发生地点：　　　线　　　站至　　　站间　　　公里　　　米处，线路坡度　　　‰
是否施工：　　　是否过曲线、道岔：　　　曲线半径：　　　前方作业场名称：
由作业场发出的距离：</td></tr>
<tr><td colspan="8">列车概况：车次　　　编组辆数　　　牵引吨数　　　计长　　　本务机车型号：
列车中途运行情况（加挂、待避、停车）：　　　司机操纵情况（调速、紧急制动）：
列车分离后处理情况：　　　完毕时间：　　　开车时间：</td></tr>
<tr><td colspan="8">关系人员及单位：司机　　　车站值班员</td></tr>
</table>

<table>
<tr><td rowspan="20">二、故障车辆鉴定情况</td><td colspan="2">车种车型车号</td><td>编挂位置</td><td colspan="2">厂修</td><td colspan="2">段修</td><td colspan="2">临修</td></tr>
<tr><td colspan="2"></td><td></td><td colspan="2"></td><td colspan="2"></td><td colspan="2"></td></tr>
<tr><td>转向架</td><td>车钩位数</td><td>车钩型号</td><td colspan="2">缓冲器型号</td><td>阀型</td><td colspan="2">关门车</td><td>货物装载</td></tr>
<tr><td></td><td></td><td></td><td colspan="2"></td><td></td><td colspan="2"></td><td></td></tr>
<tr><td colspan="9">车钩破损分离调查</td></tr>
<tr><td>故障钩舌</td><td>铸造标记</td><td>检修标记</td><td>新、旧痕百分比</td><td>铸造缺陷尺寸</td><td>故障钩尾框</td><td>铸造标记</td><td>检修标记</td><td>新、旧痕百分比</td><td>铸造缺陷尺寸</td></tr>
<tr><td></td><td></td><td></td><td></td><td></td><td></td><td></td><td></td><td></td><td></td></tr>
<tr><td colspan="10">制动软管损坏状态：</td></tr>
<tr><td colspan="10">车钩标记、破损部位、状态：</td></tr>
<tr><td colspan="10">钩托梁、钩尾扁销螺栓状态：</td></tr>
<tr><td colspan="10">车轮踏面是否擦伤：</td></tr>
<tr><td colspan="10">其他需说明的情况：</td></tr>
<tr><td colspan="10">车钩自动分离调查：按照《列车自动分离车钩缓冲装置状态调查表》中的内容逐项填写</td></tr>
</table>

<table>
<tr><td rowspan="3">三、前方列检作业情况</td><td>技检情况：车次　　　股道　　　辆数　　　列车性质　　　编组位置　　　作业人员：左　　　右</td></tr>
<tr><td>技检时间：　　　月　日　时　分至　　月　日　时　分
开车时间：　　　月　日　时　分</td></tr>
<tr><td>车辆配件检修、更换情况：</td></tr>
</table>

<table>
<tr><td>四、鉴定意见：

</td></tr>
</table>

第三节　模拟调查列车分离事故（C$_{64K}$型敞车）

职业（工种）名称： 货车检车员　　　　**试题编码：623010201AAA00220901X**
考核项目： 模拟调查列车分离事故（C$_{64K}$型敞车）　**等级：技师**
命题人：　　　　　　　　　　　　　　　**审核人：**
复核人（审定阶段）：

一、准备通知单

（一）材料准备

序号	名称	规格	数量	备注
1	事故车辆	C$_{64K}$型敞车	2辆	
2	防护红旗	360 mm×500 mm	2面	
3	相机		1台	
4	录音笔		1支	
5	碳素笔、草稿纸		若干	
6	铁路技术管理规程		1本	2014版
7	铁路货车段修规程		1本	2012版
8	铁路货车厂修规程		1本	2018版
9	铁路货车运用维修规程		1本	2018版
10	铁路交通事故调查处理规则		1本	2007版
11	铁路车辆安全管理规则		1本	2015版

（二）工具、量具准备

序号	名称	规格	数量	备注
1	车钩钩锁移动量间隙塞尺		1把	
2	锁铁托具		1把	
3	车钩钩提杆链松余量检测尺		1把	
4	闭锁位钩舌与钩腕内侧距离检测量规		1把	
5	全开位钩舌与钩腕内侧距离检测量规		1把	
6	车钩中心高度测量尺		1把	
7	车钩钩体检测量规		1把	
8	钩腔上防跳台磨耗检测量规		1把	
9	钩舌厚度检测量规		1把	
10	钩锁坐入量检测量规		1把	
11	上锁销杆磨耗检测量规		1把	

续表

序号	名称	规格	数量	备注
12	钩锁检查量规		1把	
13	钩锁导向面样板		1把	
14	阶梯塞尺		1把	
15	秒表		1块	
16	手锤		1把	
17	手电筒		1个	
18	劈销器		1把	
19	开口销		若干	

二、技能操作试题

（一）考核项目

模拟调查列车分离事故（C_{64K} 型敞车）。

（二）分值

100 分。

（三）考核时间

（1）准备时间：1 min。

（2）正式操作时间：20 min。

（3）规定时间内完成不扣分；每超过规定时间 1 min 扣 1 分，不足 1 min 不计算；作业时间超过规定时间 50%全项失格。

（四）操作要求及技术标准

（1）调查人员到达现场后，先在列车两端设置安全防护信号，绘制事故现场草图，确认事故车和关系车。

（2）勘察现场，对事故现场进行拍摄，收集车辆散落部件，对沿途散落的配件名称及地点进行记载并拍摄。

（3）调查事故概况，包括事故发生的时间（到达、甩车及晚点时分）及地点、车次、发站、编组辆数、牵引吨数、列车换长、货物装载情况、中断行车时间等。

（4）调查铁路货车基本信息，包括故障铁路货车及关系铁路货车的编组顺位、车种车型车号、铁路货车定检日期及处所、破损部件名称、部位、转向架型号、车钩缓冲装置型号、闸瓦间隙调整器型号、制动机型号等。

（5）调查前方列检作业情况，包括前方列检列车技术作业情况，列车制动机试验记录及前方货车安全防范系统相关信息等。

（6）向车务部门了解相关情况，包括车站有关人员姓名、发生分离前列车停留情况、是否有从车钩连挂处通过、施工事故是否对铁路事故有影响等，做好录音记录。

（7）向机务部门了解相关情况，包括机车型号、司机姓名、列车中途运行情况（加挂、甩车、停车）、机车中途换挂及操纵情况、列车运行正点时分及晚点时分，做好录音记录。

（8）向工务部门了解相关情况，包括区间线路坡度，曲线半径或加宽、加高状态，以及限速要求等，做好录音记录。

（9）车钩技术数据。

① 造成分离车钩的三态作用情况，13A、13B 型钩舌与钩腕内侧距离，闭锁位置≤132 mm，全开位置≤247 mm。

② 分离处两车辆的相邻车钩的中心高度：车钩最高≤890 mm，最低（空车）≥835 mm、最低（重车）≥815 mm，两车钩连挂后车钩互钩差≤75 mm。

③ 造成分离车钩的钩提杆有无变形、弯曲。松余量是否符合规定。钩提杆链松余量为 40～55 mm。钩提杆横向移动量为 30～50 mm。

④ 对事故车钩进行分解检查：检查钩身有无裂纹、弯曲，钩腔内侧壁有无磨耗；检查上下锁销孔、上下钩耳孔、上下弧面弯角、上下牵引台、钩腔内部有无裂纹；检查钩舌、钩锁、钩舌推铁、上锁销组成及钩舌销有无裂纹、破损、变形。

⑤ 用量具测量故障车车钩以下各部位：上作用车钩闭锁位置钩锁移动量为 3～11 mm。13A、13B 型钩腕端部外胀不大于 15 mm，钩耳孔长、短径磨耗不大于 3 mm，上锁销孔前后磨耗之和不大于 3 mm，钩腔上防跳台磨耗不大于 2 mm，钩腔内上防跳台磨耗≤2 mm，上锁销孔前后磨耗≤3 mm；13A、13B 型钩舌钩锁坐入量≥45 mm，13A、13B 钩舌内侧面和正面磨耗剩余厚度≥69 mm；上锁销杆上端面防跳部位磨耗≤3 mm，上锁销杆挂钩口磨耗≤2 mm。钩锁厚度为 76±1 mm，导向面磨耗≤2 mm，钩锁挂钩轴磨耗≤1 mm。

（10）组装车钩，对故障配件进行更换。

（11）综合调查情况进行原因分析，如 C_{64K} 4963875 车，钩提杆链余量过小，运行中受振动，将锁销提起造成分离。

（12）明确处理方法，如将 C_{64K} 4963875 车钩提杆链调整到规定范围。

（13）提出扣修单位意见，该事故责任由××车辆段、××始发列检负责。

（14）填写相关报单（附件 3-4、附件 3-5）。

（15）撤除安全防护信号。

三、配分及评分标准

职业（工种）名称：货车检车员　　　　　　试题编码：**623010201AAA00220901X**
考核项目：模拟调查列车分离事故（C_{64K} 型敞车）　等级：技师

员工编号：　　　　　姓名：　　　　　操作时间：　　　　　核分：

项目	配分	考核内容	评分标准（各项分值扣完为止）	扣分	得分
时间	10 分	规定时间 20 min。	每超时 1 min 扣 1 分，不足 1 min 不计算。		
安全	10 分	1. 着装符合规定，正确穿戴劳动防护用品。 2. 作业中不得出现碰破、出血、起泡、挤肿。	1. 着装穿戴不符合规定扣 5 分。 2. 作业中轻微受伤扣 5 分。		

续表

项目	配分	考核内容	评分标准（各项分值扣完为止）	扣分	得分
程序及质量	80分	1. 插设安全防护信号。 2. 勘察现场，对事故现场进行拍摄；收集散落车辆部件，对沿途散落的配件名称、地点进行记载并拍摄，查看车辆破损情况。 3. 询问关系人并录音，填写列车分离事故调查表（附件3-5）中的事故概况和前方列检作业情况。 4. 调查是否有人为破坏迹象。	1. 现场勘察内容不全面，每处扣2分。 2. 未收集散落的车辆配件、未查看车辆破损分别扣5分。 3. 未拍摄图片、视频扣5分。 4. 未对关系人进行询问扣5分；询问关系人时未进行录音扣2分。 5. 未调查是否有人为破坏情况扣5分。 6. 未绘制事故现场草图扣5分。		
		5. 检查故障车以下各部位的技术状态： （1）检查钩提杆、钩提杆座及链环有无裂纹、破损及弯曲变形。 （2）检查钩尾框、钩尾扁销、车钩托梁和钩尾框托板及螺栓等的技术状态。 （3））检查制动软管的损坏状态。 （4）检查基础制动装置的技术状态。 （5）检查车轮踏面是否擦伤。	1. 检查过程中漏检零部件，每件扣5分。 2. 故障叙述不准确，每处扣1分。		
		6. 用量具测量故障车车钩以下各部位： （1）上作用车钩闭锁位置钩锁移动量为3～11 mm。 （2）钩提杆链松余量为40～55 mm。 （3）钩提杆横向移动量为30～50 mm。 （4）13A、13B型钩舌与钩腕内侧距离：闭锁位置≤132 mm，全开位置≤247 mm。 （5）故障车车钩中心高度：最高≤890 mm，最低（空车）≥835 mm、最低（重车）≥815 mm。	1. 未用量具测量，每件扣5分。 2. 量具使用不规范，每处扣1分。		
		7. 分解故障车车钩： （1）检查钩身有无裂纹、弯曲，钩腔内侧壁有无磨耗。 （2）检查上下锁销孔、上下钩耳孔、上下弧面弯角、上下牵引台、钩腔内部有无裂纹。 （3）检查钩舌、钩锁、钩舌推铁、上锁销组成及钩舌销有无裂纹、破损、变形。 8. 用量具测量故障车车钩以下各部位： （1）钩腔内上防跳台磨耗≤2 mm，上锁销孔前后磨耗≤3 mm。 （2）13A、13B型钩舌钩锁坐入量≥45 mm，13A、13B型钩舌内侧面和正面磨耗剩余厚度≥69 mm。 （3）上锁销杆上端面防跳部位磨耗≤3 mm，上锁销杆挂钩口磨耗≤2 mm。 （4）钩锁厚度为（76±1）mm，导向面磨耗≤2 mm，钩锁挂钩轴磨耗≤1 mm。 9. 组装车钩，对故障配件进行更换。	1. 检查过程中漏检零部件，每件扣5分。 2. 故障叙述不准确，每处扣1分。 3. 未用量具测量，每件扣5分。 4. 量具使用不规范，每处扣1分。		

续表

项目	配分	考核内容	评分标准（各项分值扣完为止）	扣分	得分
程序及质量	80分	10. 复查故障车和检测关系车的车钩以下各部位： （1）上作用车钩在闭锁位置钩锁移动量3～11 mm。 （2）13A、13B 型钩舌与钩腕内侧距离：闭锁位置≤132 mm，全开位置≤247 mm。 （3）故障车车钩中心高度：最高≤890 mm，最低（空车）≥835 mm、最低（重车）≥815 mm，两车钩连挂后车钩互钩差≤75 mm。 11. 检查关系车以下各部位的技术状态： （1）检查钩提杆、钩提杆座及链环有无裂纹、破损及弯曲变形。 （2）检查钩尾框、钩尾扁销、车钩托梁和钩尾框托板及螺栓等的技术状态。 （3）检查制动软管的损坏状态。 （4）检查基础制动装置的技术状态。 （5）检查车轮踏面是否擦伤。 12. 查阅相关规章制度并填写事故调查表（附件3-4、附件3-5）。	1. 未用量具测量，每件扣 5 分。 2. 量具使用不规范，每处扣 1 分。 3. 检查过程中漏检零部件，每件扣 5 分。 4. 故障叙述不正确，每处扣 1 分。 5. 未查阅相关规章制度扣 3 分。 6. 未填写事故调查表（附件 3-4、附件 3-5）各扣 20 分。 7. 事故调查鉴定意见与车钩分离原因不一致扣 10 分。 8. 事故调查表内容漏填、错填，每处扣 1 分。		
合计 100 分					
否决项目		1. 未插设安全防护信号便开始作业全项失格（包括作业中信号落地且在作业结束前未重新插设）。 2. 未进行现场勘察全项失格。 3. 作业中因出现碰破、出血、起泡、挤肿等而不能正常作业时全项失格。 4. 作业时间超过规定时间 50%全项失格。			

高级考评员签字：_____   _____年____月____日

附件 3—4 列车自动分离车钩缓冲装置状态调查表

调查单位：　　　　作业场：　　　　调查时间：　　　年　　月　　日

发生时间			列车开行时间			车次	线别	区间		发生地点		坡度‰	是否过曲线、道岔	曲线半径
年 时	月 分	日	年 时	月 分	日									

故障车概况	车种、车型、车号	车钩型号	编挂位置	临修 单位：时间： 年 月 日	段修 单位：时间： 年 月 日	厂修 单位：时间： 年 月 日

关系车概况	车种、车型、车号	车钩型号	编挂位置	临修 单位：时间： 年 月 日	段修 单位：时间： 年 月 日	厂修 单位：时间： 年 月 日

故障车 货物装载情况	重	空	品名		关系车 货物装载情况	重	空	品名

制造单位及日期	裂纹、破损位置及长度	钩身弯曲	钩腔内侧壁磨耗	钩腔内防跳台磨耗	钩舌销 断裂后剩余长度	弯曲	钩舌承合磨耗	钩舌 S 面磨耗	裂纹长度	制造单位及日期

其他附属配件	钩锁厚度磨耗	上锁销孔磨耗	钩销导向面磨耗	锁铁挂轴磨耗	上锁销杆上端面防跳部位磨耗	上锁销杆挂钩口磨耗

车钩组装后相关尺寸	钩提杆链松余量	上作用钩提杆横向移动量	上作用钩提杆头与锁销杆顶部的纵向位移	钩舌销孔套与钩耳孔套状态	车钩高度 故障车 关系车 互钩差是否大于 75 mm

钩舌与钩腕内侧面距离	防跳间隙		全开位	向左 向右
闭锁位				

附件 3-5 列车分离事故调查表

调查单位：　　　　　　　　调查人员：　　　　　　　　调查时间：　　　年　月　日

<table>
<tr><td rowspan="6">一、事故概况</td><td colspan="4">发生时间：　　　年　月　日　时　分</td></tr>
<tr><td colspan="4">发生地点：　　　线　　站至　　　站间　　公里　　米处，线路坡度　　　‰
是否施工：　　　　是否过曲线、道岔：　　　曲线半径：　　　前方作业场名称：
由作业场发出的距离：</td></tr>
<tr><td colspan="4">列车概况：车次　　　编组辆数　　牵引吨数　　计长　　　本务机车型号：
列车中途运行情况（加挂、待避、停车）：　　　　司机操纵情况（调速、紧急制动）：
列车分离后处理情况：　　　完毕时间：　　　开车时间：</td></tr>
<tr><td colspan="4">关系人员及单位：司机　　　　　车站值班员</td></tr>
</table>

<table>
<tr><td rowspan="23">二、故障车辆鉴定情况</td><td colspan="2">车种车型车号</td><td>编挂位置</td><td colspan="2">厂修</td><td colspan="2">段修</td><td colspan="3">临修</td></tr>
<tr><td colspan="2"></td><td></td><td colspan="2"></td><td colspan="2"></td><td colspan="3"></td></tr>
<tr><td colspan="2">转向架</td><td>车钩位数</td><td colspan="2">车钩型号</td><td colspan="2">缓冲器型号</td><td>阀型</td><td>关门车</td><td>货物装载</td></tr>
<tr><td colspan="2"></td><td></td><td colspan="2"></td><td colspan="2"></td><td></td><td></td><td></td></tr>
</table>

车钩破损分离调查

故障钩舌	铸造标记	检修标记	新、旧痕百分比	铸造缺陷尺寸	故障钩尾框	铸造标记	检修标记	新、旧痕百分比	铸造缺陷尺寸

制动软管损坏状态：

车钩标记、破损部位、状态：

钩托梁、钩尾扁销螺栓状态：

车轮踏面是否擦伤：

其他需说明的情况：

车钩自动分离调查：按照《列车自动分离车钩缓冲装置状态调查表》中的内容逐项填写

<table>
<tr><td rowspan="4">三、前方列检作业情况</td><td>技检情况：车次　　　股道　　　辆数　　列车性质　　编组位置　　作业人员：左　　　右</td></tr>
<tr><td>技检时间：　　月　　日　　时　　分至　　月　　日　　时　　分
开车时间：　　月　　日　　时　　分</td></tr>
<tr><td>车辆配件检修、更换情况：</td></tr>
</table>

四、鉴定意见：

第四节　模拟调查制动梁脱落耽误列车事故

职业（工种）名称：货车检车员　　　　　试题编码：**623010201AAA00320901X**

考核项目：模拟调查制动梁脱落耽误列车事故　等级：技师

命题人：　　　　　　　　　　　　　　　审核人：

复核人（审定阶段）：

一、准备通知单

（一）材料准备

序号	名称	规格	数量	备注
1	通用货车	C_{64} 型或 C_{70} 型	1辆	
2	防护红旗	360 mm×500 mm	1面	
3	相机		1台	
4	录音笔		1支	
5	碳素笔、草稿纸		若干	
6	铁路技术管理规程		1本	2014版
7	铁路货车段修规程		1本	2012版
8	铁路货车厂修规程		1本	2018版
9	铁路货车运用维修规程		1本	2018版
10	铁路车辆安全管理规则		1本	2015版

（二）工具、量具准备

序号	名称	规格	数量	备注
1	秒表		1块	
2	制动梁全长测量尺		1把	
3	游标卡尺		1把	
4	轮对内侧距离检查尺		1把	
5	百米尺		1把	
6	检车锤		1把	
7	撬棍		1根	
8	手锤		1把	
9	手电筒		1个	

二、技能操作试题

（一）考核项目

模拟调查制动梁脱落耽误列车事故。

（二）分值

100 分。

（三）考核时间

（1）准备时间：1 min。

（2）正式操作时间：20 min。

（3）规定时间内完成不扣分；每超过规定时间 1 min 扣 1 分，不足 1 min 不计算；作业时间超过规定时间 50%全项失格。

（四）操作要求及技术标准

（1）调查人员到达现场后，先在列车两端设置安全防护信号，绘制事故现场草图，确认事故车。

（2）勘察现场，对事故现场进行拍摄，寻找配件脱落点，收集车辆散落部件，对沿途散落的配件名称及地点进行记载并拍摄。

（3）调查事故概况，包括事故发生的时间（到达、甩车及晚点时分）及地点、车次、发站、编组辆数、牵引吨数、列车换长、货物装载情况、中断行车时间等。

（4）调查铁路货车基本信息，包括故障铁路货车的编组顺位、车种车型车号、铁路货车定检日期及处所、破损部件名称、部位、转向架型号、车钩缓冲装置型号、闸瓦间隙调整器型号、制动机型号等。

（5）调查前方列检作业情况，包括前方列检列车技术作业情况、列车制动机试验记录及前方货车安全防范系统相关信息等。

（6）向车务部门了解相关情况，包括车站有关人员姓名、施工事故是否对铁路事故有影响等，做好录音记录。

（7）向机务部门了解相关情况，包括机车型号、司机姓名、列车中途运行情况（加挂、甩车、停车）、机车中途换挂及操纵情况、列车运行正点时分及晚点时分，做好录音记录。

（8）向工务部门了解相关情况，包括区间线路坡度，曲线半径或加宽、加高状态，以及限速要求等，做好录音记录。

（9）事故车辆技术数据。

① 勘察车辆状态：转向架型号；阀型及标记；是否关门车；轮对内侧距离三处最大差（运用≤3 mm）；制动梁两闸瓦差（运用≤20）；侧架立柱磨耗板状态；制动梁滑槽技术状态；手制动装置和基础制动装置有无别劲现象；各闸瓦与车轮踏面情况和有无踏面擦伤、剥离现象；是否经过翻车机作业；有无脱轨痕迹。

② 勘察脱落配件和关联配件技术状态：制动梁形式；制造日期及单位；检修日期及单位；支柱标记；制动梁全长；支柱是否折断；制动梁滑块根部是否折断；闸瓦、闸瓦插销是否丢失；制动梁两闸瓦厚度差；安全链螺母丢失、安全链折断、安全链卡子折断；安全锁、交叉杆技术状态；制动梁支柱与斜拉板圆销、扁开口销及上拉条圆销、开口销技术状态；有无制动梁梁体变形、折断；梁体与闸瓦托铆钉是否折断、丢失，折断部位及新旧痕百分比。

（10）综合调查情况进行原因分析，如因一位制动梁一位端轴材质不良所致。

（11）明确处理方法，例如捆绑加固制动梁、关闭该车截断塞门、排除副风缸余风、发"车统–26"、回附近列检作业场施修。

（12）提出扣修单位意见，请××车辆段议处。

（13）填写相关报单（附件3-6）。

（14）撤除安全防护信号。

三、配分及评分标准

职业（工种）名称： 货车检车员　　　　**试题编码：623010201AAA00320901X**

考核项目： 模拟调查制动梁脱落耽误列车事故　　**等级：技师**

员工编号：　　　　　姓名：　　　　　操作时间：　　　　　核分：

项目	配分	考核内容	评分标准（各项分值扣完为止）	扣分	得分
时间	10分	规定时间20 min。	每超时1 min扣1分，不足1 min不计算。		
安全	10分	1. 着装符合规定，正确穿戴劳动防护用品。 2. 作业中不得出现碰破、出血、起泡、挤肿。	1. 着装穿戴不符合规定扣5分。 2. 作业中轻微受伤扣5分。		
程序及质量	80分	1. 插设安全防护信号。 2. 勘察现场，对事故现场进行拍摄，收集有关脱落部件： （1）勘察线路状态：寻找脱落点，收集散落车辆部件，对沿途散落的配件名称、地点进行记载并拍摄，勘察线路是否施工、落点线路情况、脱落后走行距离、刮坏线路情况。 （2）勘察车辆状态：转向架型号；阀型及标记；是否关门车；轮对内侧距离三处最大差（运用≤3 mm）；制动梁滑槽技术状态；手制动装置和基础制动装置有无别劲现象；各闸瓦与车轮踏面情况和有无踏面擦伤、剥离现象；是否经过翻车机作业；有无脱轨痕迹。 （3）勘察脱落配件和关联配件技术状态：制动梁形式；制造日期及单位；检修日期及单位；支柱标记；制动梁全长；支柱是否折断；制动梁滑块根部是否折断；闸瓦、闸瓦插销是否丢失；制动梁两闸瓦厚度差；安全链螺母是否丢失、安全链折断、安全链卡子折断；安全锁、交叉杆技术状态；制动梁支柱与斜拉板圆销、扁开口销及上拉条圆销、开口销技术状态；有无制动梁梁体变形、折断；梁体与闸瓦托铆钉是否折断、丢失、折断部位及新旧痕百分比。 （4）询问关系人并录音，填写事故调查表（附件3-6）中的事故概况和前方列检作业情况。 （5）调查是否有人为破坏迹象。 3. 收拾工、量具。 4. 填写事故调查表。 5. 撤除安全防护信号。	1. 现场勘察内容不全面，每处扣2分。 2. 未查找出脱落点、未收集散落的车辆配件、未查看车辆破损分别扣5分。 3. 未进行图片、视频拍摄扣5分（拍摄照片取证需拍三方面内容，即脱落配件距离、脱落配件与车辆位置、配件脱落破损情况）。 4. 未对关系人进行询问扣5分；询问关系人时未进行录音扣2分。 5. 未调查是否有人为破坏情况扣5分。 6. 检查过程中漏检零部件，每件扣5分。 7. 故障叙述不准确，每处扣1分。 8. 未用量具测量，每件扣5分。 9. 量具使用不规范，每处扣1分。 10. 未填写事故调查表（附件3-6）扣20分。 11. 事故调查鉴定意见与制动梁脱落原因不一致扣10分。 12. 事故调查表内容漏填、错填，每处扣1分。 13. 未收拾工、量具扣2分。 14. 未撤除安全防护信号扣10分。		
合计100分					
否决项目		1. 未插设安全防护信号便开始作业全项失格（包括作业中信号落地且在作业结束前未重新插设）。 2. 作业中出现碰破、出血、起泡、挤肿等而不能正常作业时全项失格。 3. 作业时间超过规定时间50%全项失格。			

高级考评员签字：_____　　　　_____年____月____日

附件 3-6 车辆制动梁及下拉条脱落事故调查表

调查单位：_____ 调查人员：_____ 调查时间：_____年____月____日

<table>
<tr>
<td rowspan="8">一
事
故
概
况</td>
<td colspan="7">发生时间：   年   月   日   时   分</td>
</tr>
<tr>
<td colspan="2">发生地点</td>
<td colspan="2">线   站至   站间   公里   米处</td>
<td colspan="2">是否施工</td>
<td></td>
</tr>
<tr>
<td colspan="2">脱落程度</td>
<td>地面/轨面</td>
<td colspan="2">脱落点线路情况</td>
<td>脱落后走行距离</td>
<td></td>
</tr>
<tr>
<td colspan="2">刮坏线
路情况</td>
<td></td>
<td colspan="2">前方作业场
名称</td>
<td>由作业场
发出的距离</td>
<td></td>
</tr>
<tr>
<td rowspan="2">列车
概况</td>
<td>车次</td>
<td colspan="3">本务机车型号（所属段）</td>
<td>编组辆数</td>
<td>牵引吨数</td>
<td>计长</td>
</tr>
<tr>
<td></td>
<td colspan="3"></td>
<td></td>
<td></td>
<td></td>
</tr>
<tr>
<td colspan="7">列车中途运行情况（加挂、甩车、停车）：</td>
</tr>
<tr>
<td colspan="7">关系人员姓名及单位：司机   车站值班员</td>
</tr>
<tr>
<td rowspan="18">二
事
故
车
辆
鉴
定
情
况</td>
<td>车种车型车号</td>
<td>货物装载</td>
<td>编挂位置</td>
<td>厂修</td>
<td>段修</td>
<td colspan="2">临修</td>
</tr>
<tr>
<td></td>
<td></td>
<td></td>
<td></td>
<td></td>
<td colspan="2"></td>
</tr>
<tr>
<td>转向架型号</td>
<td>阀型及标记</td>
<td>关门车</td>
<td>闸瓦与车轮踏
面情况和闸瓦
擦伤、剥离
情况</td>
<td>轮对内侧
距离三处
最大差</td>
<td>手制动装置和
基础制动装置
是否别劲</td>
<td>侧架制动梁
滑槽状态</td>
</tr>
<tr>
<td></td>
<td></td>
<td></td>
<td></td>
<td></td>
<td></td>
<td></td>
</tr>
<tr>
<td>制动梁型式</td>
<td>制造日期及
单位</td>
<td>检修日期及
单位</td>
<td>支柱标记</td>
<td>制动梁长度</td>
<td>制动梁两闸瓦
厚度差</td>
<td>支柱是否折
断</td>
</tr>
<tr>
<td></td>
<td></td>
<td></td>
<td></td>
<td></td>
<td></td>
<td></td>
</tr>
<tr>
<td colspan="3">有无闸瓦、闸瓦插销丢失</td>
<td></td>
<td colspan="3">制动梁滑块根部是否折断</td>
</tr>
<tr>
<td colspan="3">安全链螺母丢失、安全链环折断、安全链卡子折断、
安全链马蹄环连接螺栓丢失</td>
<td></td>
<td colspan="3">制动梁支柱与斜拉板连接
圆销扁开口销技术状态</td>
</tr>
<tr>
<td colspan="3">有无制动梁梁体弯曲、断裂</td>
<td></td>
<td colspan="3">闸瓦托与梁体铆钉是否
折断、丢失</td>
</tr>
<tr>
<td colspan="7">折断部位及新旧痕百分比：</td>
</tr>
<tr>
<td colspan="7">交叉杆、安全锁技术状态：</td>
</tr>
<tr>
<td colspan="7">是否经过翻车机作业，有无脱线痕迹：</td>
</tr>
<tr>
<td rowspan="3">三
前
方
列
检
作
业
情
况</td>
<td colspan="7">技检情况：车次   股道   辆数   列车性质   编组位置   作业人员：左   右</td>
</tr>
<tr>
<td colspan="7">技检时间：   月   日   时   分至   月   日   时   分
开车时间：   月   日   时   分</td>
</tr>
<tr>
<td colspan="7">车辆配件检修、更换情况：</td>
</tr>
<tr>
<td colspan="8">四、其他需说明的情况：</td>
</tr>
<tr>
<td colspan="8">五、鉴定意见：</td>
</tr>
</table>

第五节 转 K2、转 K6 型转向架段修落成检查

职业（工种）名称：货车检车员　　　　　试题编码：**623010201ABA00120901X**

考核项目：转 K2、转 K6 型转向架　　　　等级：技师
　　　　　段修落成检查

命题人：　　　　　　　　　　　　　　　审核人：

复核人（审定阶段）：

一、准备通知单

（一）材料准备

序号	名称	规格	数量	备注
1	2 位转向架	转 K2 型或转 K6 型	1 台	

（二）工具准备

序号	名称	规格	数量	备注
1	检点锤		1 把	
2	手电筒		1 个	
3	白粉笔		1 根	
4	防护红旗	360 mm×500 mm	1 面	

（三）样板、量具准备

序号	名称	规格	数量	备注
1	承载鞍与前盖后挡间隙塞规		1 套	
2	阶梯塞尺	120 mm	1 把	
3	承载鞍与侧架导框前后、左右距离检测量规		1 套	
4	盒尺	3 m	1 把	
5	下旁承磨耗板至滚子上部测量尺		1 把	
6	转向架下部限界检测尺		1 把	
7	梯形塞尺	1 mm	1 把	
8	横跨梁触板与心盘上平面高度差测量尺		1 把	
9	下旁承磨耗板上平面与下心盘上平面距离检测尺		1 把	

（四）其他准备

转向架预设 10 处故障，不包括模拟故障；设置故障的部位及形式由考评员确定。

二、技能操作试题

（一）考核项目

转 K2、转 K6 型转向架段修落成检查。

（二）分值

100 分。

（三）考核时间

（1）准备时间：1 min。

（2）正式操作时间：10 min。

（3）规定时间内完成不扣分；每超过规定时间 30 s 扣 1 分，不足 30 s 不计算；作业时间超过规定时间 50%全项失格；节约时间不加分。

（四）操作要求及技术标准

1. 作业程序

（1）一位导框处附近。

① 检查导框外侧表面、承载鞍及垫板状况。

② 测量导框与承载鞍配合间隙。

（2）侧架三角孔附近。

① 检查侧架三角孔、立柱及铆钉。

② 检查交叉杆支撑装置。

③ 侧架轴距确认。

④ 检查闸瓦及装配。

（3）侧架中部及弹簧承台处。

① 下旁承检查。

② 检查斜楔与立柱磨耗板配合，测量间隙。

③ 确认磨耗板状况。

④ 检查侧架上弦梁、摇枕端头及内腔。

⑤ 检查枕簧装配。

⑥ 检查侧架承台。

（4）侧架三角孔附近，检查顺序与第（2）步相反。

（5）三位导框处附近，检查顺序与第（1）步相反。

（6）二位轮对内侧附近。

① 轮对外观检查。

② 制动梁外观及水平高度测量，检查闸瓦托、制动梁安全链及螺栓螺母、交叉杆安全链及螺栓螺母。

③ 检查圆销及开口销。

④ 检查下拉杆与安全吊间隙。

⑤ 检查摇枕、下心盘装配及螺栓螺母、垫板、开口销。

（7）四位导框处附近，检查顺序与第（1）步相同。

（8）侧架三角孔附近，检查顺序与第（2）步相同。

（9）侧架中部及弹簧承台处，检查顺序与第（3）步相同。

（10）侧架三角孔附近，检查顺序与第（4）步相同。

（11）二位导框处附近，检查顺序与第（5）步相同。

（12）一位轮对内侧附近，检查顺序与第（6）步相同。

2. 准备工作

（1）从工具柜内取出本岗位所需的检点锤、照明装置及各种量具，检查确认配件是否齐全，技术状态是否良好，量具检定日期在有效期内，放至作业区域，摆放整齐。

（2）手电筒电量充足。

（3）综合要求：各部配件齐全、组装正确、外观状态良好。

3. 转向架落成检查、检测内容

（1）作业人员目视检查，转向架台位及位数应与轮轴台位及位数相匹配（1位转向架应落在1、2位轮轴上，2位转向架应落在3、4位轮轴上），轮轴不得落反（转K2、转K6型转向架固定支点座应在2、3位轮轴侧）。

（2）同一转向架不允许混装不同型号的车轴，有特殊规定者除外；同一车辆不得装用异型车轴。

（3）作业人员打开手电筒，使用检点锤对已落成的转向架进行外观检查，同一车辆转向架的型号、配件型式须一致。转向架构架检修后，须装回原车，不得互换。同一转向架两侧架固定轴距差：转K2、转K6型不大于2 mm（具有相同的铲豆）。侧架铲豆如图3-1所示。

　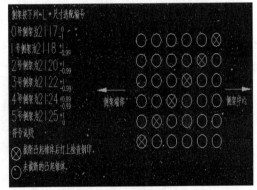

(a) 转K6型转向架侧架铲豆实物图　　　　(b) 转K6型转向架侧架铲豆示意图

图3-1　侧架铲豆

（4）作业人员打开手电筒，使用检点锤检查摇枕、侧架外观，须有制造单位及时间标记，寿命管理25年不过期，无裂纹，摇枕、侧架内腔不得有异物。

（5）作业人员打开手电筒，使用检点锤下蹲检查，转向架侧架承载鞍支撑面与承载鞍顶面须接触良好，不得涂抹润滑脂，不得有异物。

（6）承载鞍与轮轴检查、检测。

①轮轴、承载鞍、轴箱橡胶垫须正位，转K2、转K6型转向架轴承外圈与承载鞍内鞍面间、承载鞍与轴箱橡胶垫间、轴箱橡胶垫与侧架导框顶面间不得涂抹润滑脂，不得有异物。

② 承载鞍推力挡肩内径与前盖、后挡最大外径间的径向间隙不小于 2 mm。检测方法：作业人员将承载鞍挡边外侧与前盖、后挡凸缘间隙检测量规 2T 端插入承载鞍推力挡肩内径与前盖、后挡的径向间隙，插入时合格，不能插入时超限，如图 3-2 所示。

③ 承载鞍挡边外侧与前盖、后挡凸缘间隙不小于 2 mm。检测方法：作业人员将承载鞍挡边外侧与前盖、后挡凸缘间隙检测量规 2T 端插入承载鞍挡边外侧与前盖、后挡凸缘的间隙处，插入时合格，不能插入时超限，如图 3-3 所示。

图 3-2 承载鞍推力挡肩内径与前盖、 图 3-3 承载鞍挡边外侧与前盖、
后挡最大外径间的径向间隙检测 后挡凸缘间隙检测

④ 同一辆车上承载鞍型号须一致，根据原车、原位、原方向组装，更换新品者除外。无厂代号及型号时，不得装车使用。厂代号及型号应朝向外侧，轴箱橡胶垫寿命管理 6 年不过期，装有铜绞线的轴箱橡胶垫铜绞线须朝向侧架内侧。

⑤ 轴承密封罩无碰伤，轴端螺栓紧固良好，防松片止耳应撬起，两个止耳至少有一个应与轴端螺栓贴靠。施封锁应锁固，手拉不应开锁，轮轴左侧应装用于车辆奇数位，有特殊规定者除外。

（7）承载鞍与侧架导框间隙检查、检测。

① 承载鞍与侧架导框间不得涂抹润滑脂，不得有异物。

② 转 K2 型：前后之和为 3～9 mm，左右之和为 6～14.5 mm。检测方法：作业人员将承载鞍导框间隙塞尺插入承载鞍与侧架导框的前后或左右间隙，前后、左右间隙实测值分别相加为间隙之和，如图 3-4、图 3-5 所示。

图 3-4 K2 型承载鞍与侧架导框间隙 图 3-5 K2 型承载鞍与侧架导框间隙
前后之和检测 左右之和检测

② 转 K6 型：前后之和为 5 mm～11 mm，左右之和为 9～15 mm。检测方法：作业人员将组合塞尺插入承载鞍与侧架导框的前后或左右间隙，前后、左右间隙实测值分别相加为间隙之和，如图 3-6、图 3-7 所示。

 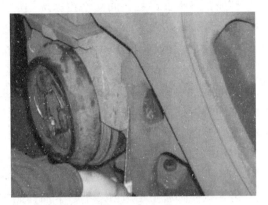

图 3-6 转 K6 型承载鞍与侧架导框　　　　　图 3-7 转 K6 型承载鞍与侧架
间隙前后之和检测　　　　　　　　　　导框间隙左右之和检测

（8）挡键与轴承外圈间隙检查、检测。

① 作业人员下蹲，打开手电筒，使用检点锤检查转 K2、转 K6 型转向架挡键与轴承外圈外观。转 K2 型转向架最小间隙不小于 2 mm。检测方法：作业人员将组合塞尺 2 mm 处插入转 K2 型轴承外圈与挡键之间，通过时合格，不能通过时为不合格。转 K6 型转向架间隙为 3～7 mm。检测方法：作业人员弯腰俯视测量部位，用组合塞尺 3 mm 通过、7 mm 止住时合格（见图 3-8）。

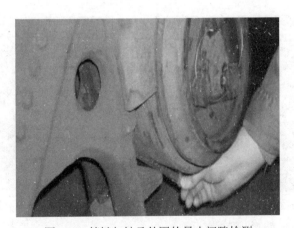

图 3-8 挡键与轴承外圈的最小间隙检测

② 挡键螺栓不得松动，弹簧垫圈开口销或铆钉齐全良好。

（9）侧架立柱磨耗板检查、检测。

① 作业人员打开手电筒，使用检点锤检查侧架立柱磨耗板无裂损，型号符合规定。转 K2、转 K6 型应采用折头螺栓紧固，无松动。

② 转 K2、转 K6 型侧架立柱磨耗板材质为 45 钢。

（10）斜楔检查、检测。

① 作业人员打开手电筒，使用检点锤检查斜楔，同一车辆斜楔型式和材质均须一致，斜楔型式须与转向架型号及相关配件匹配。斜楔主摩擦板与侧架立柱磨耗板间、斜楔副磨耗面与摇枕斜楔摩擦面磨耗板间，不得涂抹润滑脂。

② 转 K2、转 K6 型转向架全部装用组合式斜楔，须与 45 钢立柱磨耗板配套使用。组合式斜楔体为贝氏体球墨铸铁、主摩擦板为高分子复合材料。

③ 斜楔主摩擦面与侧架立柱磨耗板须接触良好，垂直方向不得有贯通间隙，局部间隙不大于 2 mm，横向间隙以 2 mm×10 mm 塞尺测量，不得深入 50 mm。检测方法：作业人员将斜楔立面与侧架立柱磨耗板间隙塞尺（2 mm×10 mm）横向插入斜楔主摩擦面与侧架立柱磨耗板垂直方向局部间隙处，插入量超过 50 mm 时超限，如图 3-9 所示。

（11）枕弹簧检查、检测。

作业人员打开手电筒，使用检点锤检查枕簧承台无异物，摇枕弹簧及减振弹簧组装须正位，落入相应圆脐及挡边内，不得卡滞；斜楔圆脐应落入减振弹簧的内簧内，弹簧规格应与原车型设计相符。

（12）转 K6 型转向架下旁承检查、检测。

① 作业人员检查下旁承磨耗板上平面，不得有油漆、油脂、氧化皮等异物，磨耗板凹槽面朝上，旁承磨耗板寿命管理 5 年不过期（见图 3-10）、橡胶体寿命管理 6 年不过期（见图 3-11），橡胶弹性旁承任何部位不得涂抹润滑脂，下旁承磨耗板上平面至滚子上部距离为 15^{+2}_{-1} mm。检测方法：作业人员将下旁承磨耗板上平面至滚子上部距离测量尺下平面置于下旁承磨耗板上平面，主尺与滚子顶部贴靠，刻线所对应的主尺上的数值即为下旁承磨耗板上平面距滚子上部距离，如图 3-12 所示。

图 3-9　斜楔主摩擦面与侧架
立柱磨耗板垂直方向间隙检测

图 3-10　旁承磨耗板寿命管理
5 年不过期

② 旁承座与摇枕旁承盒的纵向间隙之和不大于 1 mm，大于时用调整垫板调整至 1 mm 以内，调整垫片与旁承盒上边缘须焊固。检测方法：作业人员将旁承座纵向推向旁承盒任一侧，用 1 mm 塞尺插入另一侧旁承座与旁承盒之间，贯通测量，插入者不合格，不能插入为合格，如图 3-13 所示。

图 3-11　橡胶体寿命管理 6 年不过期

图 3-12　下旁承磨耗板上平面至滚子上部距离检测

③ 作业人员双手握住下旁承橡胶体凹槽，将下旁承从摇枕旁承盒内取出检查，旁承滚子须转动灵活，摇枕旁承盒内不得有异物，旁承盒下部须至少有 1 块厚度不小于 2 mm 的钢垫板。转 K2、转 K6 型转向架下旁承调整垫板总厚度为 2～30 mm，数量为 1～3 块。

④ 检查完将旁承放回原位，下旁承安装方向须为：同一转向架相反，同一车辆同侧同向。

⑤ 转 K2、转 K6 型转向架下旁承磨耗板上平面与下心盘上平面的距离（不含磨耗盘）应为（93±2）mm，超限时可调整下旁承垫板。检测方法：作业人员将下旁承磨耗板上平面与下心盘上平面距离检测尺底座放入下心盘（不含磨耗盘）上平面中部，将主尺分别对准两下旁承上平面中心，移动主尺，使其测量面与下旁承上平面接触，压片刻线所对应的主尺数值即为下旁承磨耗板上平面与下心盘上平面距离，如图 3-14 所示。

图 3-13　旁承座与旁承盒的
纵向间隙之和检测

图 3-14　下旁承磨耗板上平面与
下心盘上平面距离检测

（13）下心盘检查、检测。

① 作业人员打开手电筒，使用检点锤检查下心盘，下心盘不应有裂纹，下心盘内不得有油脂及油漆等异物，用手锤敲击下心盘螺栓不得松动，弹簧垫圈状态须良好，心盘螺栓螺纹处须涂黑铅粉油，螺杆须露出螺母 1 扣以上且不得影响本零件及其他零件组装。

② 下心盘螺栓须使用 FS 型或 BY-B 型、BY-A 型防松螺母，并配套使用强度符合 GB/T 3098.1—2010 规定的 10.9 级、精度等级符合 GB/T 9145—2003 中 6g 要求的螺栓。

③ 下心盘螺栓头部须有 10.9 级标记（见图 3-15）。装用 BY 型防松螺母时均须安装符合 GB/T 7244—1987 规定的重型弹簧垫圈（见图 3-16）；装用 FS 型防松螺母时，须取消弹簧垫圈并安装符合 GB/T 6172.1—2016 要求的性能等级为 04 级的薄螺母。

图 3-15　下心盘螺栓头部 10.9 级标记

图 3-16　重型弹簧垫圈

④ 螺栓规格：转 K2 型为 M22，转 K6 型为 M24。

⑤ 螺栓紧固后，M22 者安装 φ4 mm 的开口销，M24 者安装 φ5 mm 的开口销，双向劈开的角度不小于 60°。检测方法：作业人员俯视测量部位，将开口销角度量规 60° T 端插入开口销内侧面，60° 角与内侧面顶部接触时合格。

（14）心盘磨耗盘检查。

① 作业人员打开手电筒，检查心盘磨耗盘，其内不得有油脂及油漆等异物。

② 心盘磨耗盘寿命管理 6 年不过期（见图 3-17）。

③ 心盘磨耗盘无破损。

④ 导电式心盘磨耗盘的导电柱全部脱落时须更换为新品（见图 3-18）。

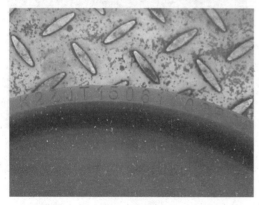
图 3-17　心盘磨耗盘寿命管理 6 年不过期

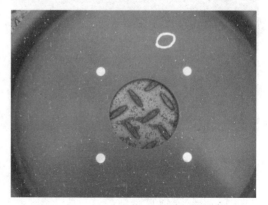
图 3-18　导电式心盘磨耗盘导电柱

（15）心盘中心销检查、检测。

① 心盘中心销不应有弯曲、裂纹，中心销插入摇枕及露出长度均不得少于 150 mm。

② 检测中心销插入摇枕及露出长度。检测方法：作业人员俯视测量部位，用盒尺检测中心销插入心盘中心销孔内的长度，露出的长度应不小于 150 mm（见图 3-19），然后以下心盘

圆脐为基准，用粉笔在心盘中心销上画上标记，将心盘中心销拔出以标记为基准，用盒尺检测心盘中心销插入的长度，应不小于 150 mm（见图 3-20），检测合格后将心盘中心销插入心盘中心销孔内。

图 3-19　中心销插入后露出长度检测　　　　图 3-20　中心销插入长度检测

（16）平面下心盘垫板检查。

① 转 K2 型须使用钢质或竹质垫板，竹质垫板厚度不大于 40 mm；钢质垫板与竹质垫板混装时，钢质垫板须放于底层。转 K2 型螺栓组装的下心盘垫板总厚度不大于 60 mm，厚度小于 20 mm 时，须使用每块厚度不小于 8 mm 的钢质垫板；钢质垫板超过 1 层时，须在钢板层间四周点焊固。

② 转 K6 型转向架须使用钢质垫板，不超过 2 块，总厚度不大于 40 mm。

（17）横跨梁、上拉杆托架检查、检测。

① 作业人员一只手拿手电筒，另一只手拿检点锤检查横跨梁，横跨梁应无裂纹、破损、变形。

② 横跨梁组装螺栓垂直移动量为 3～5 mm。检测方法：作业人员将阶梯塞尺插入螺栓头部下平面与横跨梁螺栓孔衬套上平面间，3 mm 进去、5 mm 止住为合格（见图 3-21）。开口销须插入螺母的凹槽内，不得单劈。

③ 横跨梁组装螺栓调整垫圈数量不得超过 3 个，调整垫板的厚度为 0～12 mm，不得超过 2 块，且应安装在尼龙磨耗板的下面。尼龙磨耗板只准装一块，不得不装。调整垫板、尼龙磨耗板大头朝向侧架。横跨梁托内不得有异物。

④ 横跨梁垫板与横跨梁托、调整垫板的间隙不大于 1 mm。检测方法：作业人员将 1 mm 的塞尺塞到横跨梁托与横跨梁托及调整垫板之间的间隙，任一处插入时超限，如图 3-22 所示。

⑤ 横跨梁安全链不应有裂纹，不得别劲，用检点锤敲击安全链螺栓不得松动，平垫圈、备母齐全，螺杆须露出螺母 1 扣以上且不得影响本零件及其他零件组装。

⑥ 2010 年 9 月以后制造的车辆，横跨梁与托座间采用符合 QCZ133A-90-01 图样的横跨梁专用螺栓，端部加装符合 GB/T 12618.1—2006 标准的铝质抽芯铆钉。横跨梁安全链螺栓须装用带槽螺母，开口销须入槽，开口销角度应不小于 60°。

图 3-21　横跨梁组装螺栓垂直移动量检测

图 3-22　横跨梁垫板与横跨梁托
调整垫板的间隙检测

⑦ 横跨梁磨耗垫板磨耗不应大于 2 mm。检测方法：作业人员将横跨梁综合检查量规 2Z 端置于磨耗最深处，2Z 端两侧基准面与未磨耗部位贴靠时磨耗超限，未贴靠时合格。

⑧ 横跨梁触板与下心盘上平面（不含心盘磨耗盘、无心盘垫板）高度差：转 K2 型转向架横跨梁焊装触板处有凹槽者为（154.5±10）mm，横跨梁焊装触板处无凹槽者为（146.5±10）mm；转 K6 型转向架固定杠杆端装横跨梁者为（168.5±10）mm。检测方法：作业人员将横跨梁触板与下心盘上平面高度差测量尺置于下心盘上平面，移动尺身，测量面与横跨梁上平面中心贴靠时，实测值在限度范围内为合格，不在限度范围内为不合格，如图 3-23 所示。

⑨ 摇枕上拉杆托架含油尼龙磨耗套应无裂损，直径磨耗不大于 3 mm，滚轴前面应有一个平垫圈，开口销应卷起并与滚轴密贴，滚套转动灵活，含油尼龙滚套外表面不得涂抹油脂，将摇枕斜楔槽内外、表面检测量规 3Z 端置于尼龙滚套外表面磨耗处，两侧工作面与尼龙滚套外表面贴靠时超限，未贴靠时合格，如图 3-24 所示。

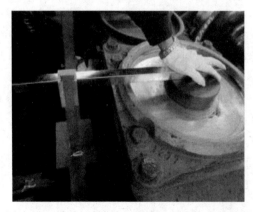

图 3-23　横跨梁触板与下心盘上平面高度差检测

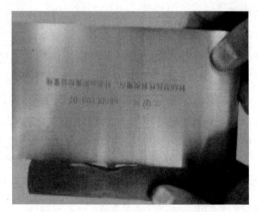

图 3-24　含油尼龙滚套直径磨耗检测

（18）交叉支撑装置检查。

① 作业人员打开手电筒，使用检点锤检查支撑座，支撑座无裂纹、破损，支撑座、侧架、连接板间焊缝应无开裂。

② 作业人员用检点锤敲击交叉杆端头螺栓不得松动，端头螺栓头部须有 10.9 级标记，

双耳防松垫圈两定位止耳应呈上下位置并须在锁紧板与标志板的定位孔内，标志板检修日期及检修单位代号清晰无破损，止耳须翘起，至少有两相对止耳与六角螺栓头部六方平面密贴，轴向橡胶垫允许有龟裂，表面圆周方向裂纹长度不大于周长的 30%。检测方法：根据新品轴向橡胶垫的直径 D，算出其周长 $L=\pi D$，用盒尺测量其裂纹长度进行比较。轴向橡胶垫上不得有油脂，轴向橡胶垫寿命管理 6 年不过期。

③ 作业人员打开手电筒，使用检点锤检查交叉杆杆体、中间盖板（扣板），二者须无裂纹，各焊缝无开裂。

④ 交叉杆无弯曲，变形。

⑤ 转 K2、转 K6 型交叉杆中间扣板连接螺母或铆钉无松动，连接螺栓与螺母应点焊固，塞焊孔须焊堵。

⑥ 交叉杆与制动梁应用安全索连接，安全索钢丝绳不得断股，绳箍不得松动，安全锁端头须从里向外插。

⑦ 交叉杆检修标记应清晰，字号为 20 号，涂打位置正确，应涂打在 1 位和 4 位距交叉杆端头 350 mm 处。

（19）制动梁检查、检测。

① 作业人员打开手电筒，使用检点锤检查闸瓦，闸瓦须全部安装新品高摩合成闸瓦，同一辆车制动梁型式、闸瓦托型式、闸瓦型式须一致。检点锤敲击闸瓦插销不得松动、外插，闸瓦插销环组装状态须良好。

② 作业人员打开强光手电筒，使用检点锤检查制动梁，其端头须在滑槽内，使用检点锤敲击制动梁安全链螺栓，其不得松动，须装有弹簧垫圈，螺杆须露出螺母 1 扣以上，且不得影响本零件及其他零件组装。制动梁安全链马蹄环螺栓不得松动，开口销组装状态须良好，安全链马蹄环螺栓的螺母方向须朝向外侧，安全链不得别劲，制动梁安全链吊卡不得松动，支柱螺栓无松动，应装有弹簧垫圈，须点焊固。

③ 制动位时组合式制动梁安全链松余量为 40～70 mm。检测方法：在转向架落成后两侧闸瓦贴靠车轮状态时，作业人员用盒尺测量制动梁安全链座孔中心至摇枕制动梁安全链座下平面孔中心的直线距离，安全链有效长与实测值之差为松余量，如图 3-25、图 3-26 所示。

图 3-25　制动梁安全链松余量检测（一）　　　图 3-26　制动梁安全链松余量检测（二）

④ 制动位时交叉杆与闸瓦托间隙不小于 20 mm。检测方法：作业人员俯视测量部位，将交叉支撑装置多用途检测量规 20T 端插入交叉杆与闸瓦托之间（上部），通过时合格，通不过时为不合格，如图 3-27 所示。

⑤ 制动梁检修标记应齐全、清晰。距支柱中心 200 mm 处，涂打检修单位和检修年月标记，字号为 20 号，如图 3-28 所示。

（20）基础制动配件检查、检测。

① 作业人员打开手电筒，使用检点锤检查制动杠杆，拉杆，圆销、扁开口销无异型。

 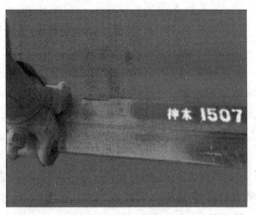

图 3-27　制动位时交叉杆与闸瓦托间隙检测　　图 3-28　制动梁检修标记涂打标准

② 竖向或斜向安装的圆销，穿向为由上向下。各制动圆销应涂 89D 润滑脂，原车采用拉铆销连接的防脱落结构的，仍应采用原车连接结构。拉铆结构的转向架，须检查拉铆销组成的规格，拉铆销、套环和垫圈无裂损、丢失，套环和垫圈无松动。短尾型拉铆销铆接后，套环法兰盘上凸点至少有一个产生明显塑性变形，套环表面镀层应产生明显变色；拉铆销铆接后，与被连接件间应能自由转动，并有 2 ～10 mm 轴向移动量。检测方法：作业人员用组合塞尺测量，2 mm 通过、10 mm 止住时合格，如图 3-29 所示。

③ 扁开口销在扁孔圆销上组装后，扁开口销须卷起，并超过圆销杆圆周长度的 3/4 圈。组装后扁孔圆销窜动量为 2～10 mm、拉铆销的窜动量为 2～10 mm，如图 3-29 所示。

④ 扁孔圆销、圆销长度允许在上下一个规格范围内调整，仍不能满足窜动量要求时可再下延一个圆销规格，不得通过改变拉杆头等零部件间距尺寸的方式调整窜动量，端部不得与其他零部件干涉。

⑤ 圆销材质为符合 GB/T 3077—2015 规定的 40Cr。且销冒头部有"制造单位代号、材质、制造年份（年号末两位）"标记，无标记者不得装车使用。

⑥ 工组长、检查人员确认制动杠杆上画"Y"标识。

⑦ 制动位时转 K6 型转向架的移动杠杆不得倒向摇枕一侧。

（21）转向架下部限界检查。

各垂下品与轨面最小距离：钢轨内侧为 60 mm；钢轨外侧为 80 mm；闸瓦插销为 25 mm（见图 3-30）。检测方法：作业人员将转向架垂下品检测尺两定位台置于钢轨外侧，工作面落在两钢轨面上，平移检测尺，检测尺能够通过垂下品的底面时合格，检测尺通不过时为不合格。

图 3-29　扁孔圆销窜动量检测　　　　　　　　　图 3-30　转向架下部限界检测

（22）转向架落成后，需作业时，同一轮轴两侧的侧架端须同步起降，禁止单独顶升一端，如需进行电焊作业时必须将侧架与轮轴分离。

三、配分及评分标准

职业（工种）名称：**货车检车员**　　　　　　试题编码：**623010201ABA00120901X**
考核项目：**转 K2、转 K6 型转向架段修落成检查**　　等级：**技师**

员工编号：　　　　姓名：　　　　　操作时间：　　　　核分：

项目	配分	考核内容	评分标准（各项分值扣完为止）	扣分	得分
时间	10 分	规定时间 10 min。	每超时 30 s 扣 1 分，不足 30 s 不计算；节约时间不加分。		
安全	10 分	1. 着装符合规定，穿戴工作服、帽、手套、防砸鞋。 2. 作业过程中不得碰破、出血、起泡、挤肿。	1. 着装穿戴不符合规定扣 5 分。 2. 作业中轻微受伤扣 5 分。		
程序	30 分	1. 报告作业开始，检查样板、量具校验日期和工具状态。	未检查样板、量具校验日期和工具状态，每件扣 1 分。		
		2. 用样板、量具检测以下项目： （1）承载鞍挡边外侧与前盖、后挡最大外径径向间隙不小于 2 mm，承载鞍挡边外侧与前盖、后挡凸缘间隙不小于 2 mm。 （2）转 K2 型转向架承载鞍与侧架导框间隙前后之和为 3～9 mm，左右之和为 6～14.5 mm；转 K6 型转向架承载鞍与侧架导框间隙前后之和为 5～11 mm，左右之和为 9～15 mm。 （3）转 K2 型转向架挡键与轴承外圈间隙不小于 2 mm。转 K6 型转向架挡键与轴承外圈间隙为 3～7 mm。 （4）中心销插入摇枕长度及露出长度不小于 150 mm。 （5）制动位制动梁安全链松余量为 40～70 mm。 （6）下旁承磨耗板至滚子上部的距离为 14～17 mm。 （7）旁承座与旁承盒的纵向间隙之和不大于 1 mm。 （8）下旁承磨耗板上平面与下心盘上平面的距离（不包含磨耗盘）为 91～95 mm。	1. 未用量具测量，每处扣 3 分。 2. 量具使用不规范，每处扣 2 分。 3. 样板、量具脱落，每件扣 2 分。 4. 测量错误，每处扣 2 分；有数值样板、量具未报实测尺寸，每处扣 1 分。		

续表

项目	配分	考核内容	评分标准（各项分值扣完为止）	扣分	得分
程序	30分	（9）横跨梁组装螺栓垂移量为3～5 mm，横跨梁托及座与垫板间隙不大于1 mm。 （10）各垂下品与轨面的最小距离：钢轨外侧为80 mm，钢轨内侧为60 mm，闸瓦插销为25 mm。 （11）横跨梁触板与下心盘上平面高度差：转K2型为（154.5±10）mm，转K6型为（168.5±10）mm。 3. 检查标准： （1）从转向架5位承载鞍开始检查，顺时针检查转向架一周。检查过程中对所有螺栓紧固件必须敲击检查到位（包括挡键螺栓、轴端螺栓、侧架立柱磨耗板组装螺栓、制动梁安全链螺栓、心盘组装螺栓、横跨梁组装螺栓、交叉杆端头螺栓、交叉杆扣板螺栓），并口述部位名称（不需口述检查标准）。寿命管理配件须检查确认日期后口述其寿命管理状态（包括摇枕、侧架、下旁承磨耗板及弹性旁承体、心盘磨耗盘）。确认固定轴距差、同一转向架轮径差、轮对左端在奇数位上。搬动移动杠杆，进行制动、缓解试验。 （2）检查完毕，收拾工具、样板、量具，放至指定地点后报告作业完毕。	1. 检查顺序错误，每处扣5分。 2. 对要求敲击的部位漏敲，每处扣2分。 3. 未口述检查部位名称，每处扣1分。 4. 寿命管理未口述或口述错误，每处扣2分。 5. 未确认固定轴距差、轮径差、奇数位等，每处扣3分。 6. 未进行制动、缓解试验扣5分。 7. 工具、样板、量具未放至指定地点，每件扣1分。		

项目	配分	故障编号	1	2	3	4	5	6	7	8	9	10	评分标准	扣分	得分
故障发现	50分	表述正确											1. 少发现一处故障扣5分。 2. 发现故障但表述不准确扣3分。 3. 重复检查发现故障不计。		
		表述不正确													

合计100分				
否决项目	1. 作业中因出现碰破、出血、起泡、挤肿等而不能正常作业时全项失格。 2. 发现故障不足60%全项失格。 3. 作业时间超过规定时间50%全项失格。			

高级考评员签字：_____   _____年___月___日

第六节　货车单车试验

职业（工种）名称：货车检车员　　　　　　试题编码：**623010201ABA00220901X**

考核项目：货车单车试验　　　　　　　　　等级：技师

命题人：　　　　　　　　　　　　　　　　审核人：

复核人（审定阶段）：

一、准备通知单

（一）设备准备

序号	名称	规格	数量	备注
1	微机控制单车试验器		1台	

（二）工具准备

序号	名称	规格	数量	备注
1	尼龙球回收器		1 个	
2	尼龙球	ϕ 25 mm	1 个	
3	管钳		1 把	
4	活扳手	300 mm	1 把	
5	橡胶锤（软木锤）		1 把	
6	软管堵		1 个	
7	防锈检漏剂		1 罐	
8	撬棍	1 000 mm	1 根	
9	防护红旗	360 mm×500 mm	1 面	
10	扁油刷		1 个	
11	闸瓦间隙调整器试验垫板	R420 340 mm×60 mm×16 mm	1 块	
12	空重车调整装置试验垫板		1 块	
13	盒尺	3 m	1 把	

二、技能操作试题

（一）考核项目

货车单车试验。

（二）分值

100 分。

（三）考核时间

（1）准备时间：1 min。

（2）正式操作时间：60 min。

（3）规定时间内完成不扣分；每超过规定时间 2 min 扣 1 分，不足 2 min 不计算；作业时间超过规定时间 20%全项失格；节约时间不加分。

（四）操作要求及技术标准

（1）确认安全防护信号插设好后，关闭截断塞门，向外拉动缓解阀拉杆排净副风缸余风。

（2）制动缸后安装压力传感器。

（3）过球试验：开放车辆制动主管两端折角塞门，关闭截断塞门；将尼龙球回收器安装于远离单车试验器一端的制动软管上；将尼龙球放在车辆接单车试验器的软管连接器中，然后将单车试验器与之连挂；单车试验器置 1 位充风，尼龙球须通过制动主管进入回收器；试验完毕后，将回收器和尼龙球取下后安装软管堵。

（4）制动管漏泄试验：

① 单车试验器与车辆一端软管连接，关闭该端折角塞门，单车试验器置 1 位，制动管充置定压后，保压 1 min 不得漏泄。

② 开放两端折角塞门，单车试验器置 1 位，制动管充至定压后保压 1 min，用防锈检漏剂检查，管系各接头不得漏泄，制动管漏泄量不大于 5 kPa。

③ 关闭另一端折角塞门，卸下软管堵，保压 1 min，用防锈检漏剂检查制动主支管及副风缸管系接头，不得漏泄，保压 1 min，漏泄量不大于 5 kPa。

（5）全车漏泄试验：开放截断塞门，单车试验器置 1 位充气，待副风缸充至定压后，用防锈检漏剂检查制动主支管及副风缸管系接头，不得漏泄，保压 1 min，漏泄量不大于 5 kPa。

（6）制动、缓解感度试验。

① 制动感度试验：单车试验器置 1 位充气，待副风缸充至定压后，将单车试验器移置 4 位。当制动管减压 40 kPa 时立即将单车试验器移置 3 位，制动机须在制动管减压 40 kPa 以前发生制动作用，其局部减压量：120 型或 120-1 型不大于 40 kPa。局部减压作用终止后，保压 1 min，制动机不得发生自然缓解。

② 缓解感度试验：将单车试验器移置 2 位充风，制动缸压力应在 45 s 内缓解至 30 kPa 以下。

（7）制动安定试验：单车试验器置 1 位充气，待副风缸充至定压后，置 3 位保压，开启专用安定试验位，制动管减压 200 kPa 前，制动机不得发生紧急制动作用。关闭专用安定试验位，保压 1 min，制动缸漏泄量不大于 5 kPa。保压时检查制动缸活塞行程，须符合表 3-1 中的规定。

表 3-1　制动缸活塞行程表

制动缸规格	制动缸行程
356 mm×254 mm	（125±10）mm
254 mm×254 mm	（155±10）mm
203 mm×254 mm	（125±10）mm
305 mm×254 mm	（155±10）mm

（8）紧急制动试验：单车试验器置 1 位充气，充至定压后，置 3 位保压，开启专用紧急试验位，制动管减压 100 kPa 前，制动机须发生紧急制动作用。

（9）120 型或 120-1 型制动机加速缓解阀试验：单车试验器置 1 位充气，副风缸充至定压后，将单车试验器置 4 位减压 100 kPa，然后置 3 位保压，待压力稳定后，单车试验器置 2 位，制动缸开始缓解时，制动管压力应有明显跃升。

（10）120 型或 120-1 型制动机半自动缓解阀试验：

① 主阀缓解试验：单车试验器置 1 位充气，待副风缸充至定压后，将单车试验器置 4 位减压 50 kPa，然后置 3 位保压，拉缓解阀手柄至全开位 3~5 s 后松开，待制动缸压缩空气自动排完后，将单车试验器置 5 位，再减压约 50 kPa，制动机须发生制动作用。然后，单车试验器置 1 位。

② 制动缸缓解试验：待副风缸充至定压后，单车试验器置 3 位，开启专用紧急试验位，施行紧急制动，制动管压缩空气排净后，拉缓解阀手柄至全开位 3~5 s 后松开，制动缸压力应能下降到零。

（11）闸瓦间隙调整器性能试验：

① 闸瓦间隙减小试验：单车试验器置 1 位，待制动机缓解完毕后，将垫板放入任一闸瓦与车轮之间；副风缸充至定压后，单车试验器置 5 位减压 140 kPa，制动缸活塞行程须变短。反复制动、缓解 3 次后，制动缸活塞行程与初始行程（未安装垫板时的行程）之差须不大于 10 mm。

② 闸瓦间隙增大试验：制动机缓解后，撤去闸瓦与车轮之间的垫板，制动后制动缸活塞行程须变长。反复制动、缓解 3 次后，制动缸活塞行程与初始行程（未安装垫板时的行程）之差不大于 10 mm。

（12）空重车自动调整装置性能试验：制动机处于缓解状态时，KZW 系列空重车自动调整装置抑制盘下平面应坐落在支架导管的顶端，抑制盘触头与横跨梁触板的间隙应符合表 3-2 中的规定，触头与抑制盘螺杆须用开口销锁定。

表 3-2　抑制盘触头与横跨梁触板的间隙

KZW 系列传感阀	
测重行程 21	测重行程 27
（3±1）mm	（6±1）mm

① 重车位试验：将抑制盘上移，在触头与触板间插入表 3-3 中规定的重车位试验垫板；单车试验器置 1 位充气，待副风缸充至定压后，置 5 位减压 160 kPa，置 3 位保压，制动缸压力应符合表 3-4 中的规定；此时空重车位显示牌应翻起；压力稳定后，保压 1 min，制动缸压力下降不大于 5 kPa；置 1 位缓解，制动缸压力须降至零，显示牌落下。

表 3-3　KZW 系列空重车自动调整装置试验垫板厚度表

工况	测重行程 21	测重行程 27
空车位	3 mm	6 mm
半重车位	13 mm	19 mm
重车位	25 mm	35 mm

表 3-4　KZW 系列空重车自动调整装置单车试验压力值

工况	KZW-A 型
空车位	（140±20）kPa
半重车位	（230±40）kPa
重车位	不做要求

② 半重车位试验：将抑制盘上移，在触头与触板之间插入表 3-3 中规定的半重车位试验垫板；单车试验器置 1 位充气，待副风缸充至定压后，置 5 位减压 160 kPa，置 3 位保压，制动缸压力应符合表 3-4 中的规定；压力稳定后，保压 1 min，制动缸压力下降不大于 5 kPa；置 1 位缓解，制动缸压力须降至零。

③ 空车位试验：取下空重车试验垫板；将单车试验器置 1 位充气，待副风缸充至定压后，置 5 位减压 160 kPa，置 3 位保压，制动缸压力应符合表 3-4 中的规定；压力稳定后，保压 1 min，制动缸压力下降不大于 5 kPa，此时空重车位显示牌不应翻起；置 1 位缓解，制动缸压力须降至零。

（13）手制动机试验：制动性能试验时闸瓦抱紧车轮，缓解性能试验时闸瓦须松开车轮。固定链式手制动机作用灵活，轴链卷入量为 0.5～2 圈。脚踏式制动机具有制动保压、加速缓解、阶段制动功能，卷入量为 0.5～1 圈。NSW 型手制动机具有制动、缓解、调力制动及锁闭功能。

（14）关闭单车试验器端折角塞门，排除软管内压缩空气后，摘下单车试验器。

（15）打印单车试验结果。

（16）清洁场地，工具材料摆放整齐，撤除安全防护信号。

三、配分及评分标准

职业（工种）名称：货车检车员　　　　　　　试题编码：**623010201ABA00220901X**

考核项目：货车单车试验　　　　　　　　　　等级：技师

员工编号：　　　　　姓名：　　　　　操作时间：　　　　　核分：

项目		配分	作业标准	评分标准（各项分值扣完为止）	扣分	得分
时间		10分	规定时间 60 min。	每超时 2 min 扣 1 分，不足 2 min 不计算；节约时间不加分。		
安全		10分	1. 着装符合规定，穿戴工作服、帽、手套、防砸鞋。 2. 作业过程中不得碰破、出血、起泡、挤肿。	1. 着装穿戴不符合规定扣 5 分。 2. 作业中轻微受伤扣 5 分。		
程序及质量	作业准备	5分	1. 工、卡、量具准备齐全，作用良好，量具校验不过期，试验设备机能合格。 2. 开机检查并确认单车试验器状态，自检合格，总风源风压不低于 600 kPa。 3. 输入试验参数。	1. 须有检查动作，未检查、确认，每处扣 1 分。 2. 参数录入错误，每处扣 2 分。 3. 作业标准需口述，未口述每处扣 2 分，口述错误每处扣 1 分。		
	过球试验	5分	1. 开放车辆主管两端折角塞门，关闭截断塞门。 2. 将尼龙球回收器装于远离单车试验器一端的软管上。 3. 将尼龙球放在车辆另一端的连接器中，然后将单车试验器与之连挂。 4. 单车试验器置 1 位充风，尼龙球须通过制动主管进入回收器。 5. 单车试验器置 3 位，将回收器和实心尼龙球取下后安装软管堵。	1. 未按作业标准作业，每处扣 1 分。 2. 未装软管堵扣 2 分。 3. 未做过球试验扣 5 分。 4. 作业标准需口述，未口述每处扣 2 分，口述错误每处扣 1 分。		
	制动管漏泄试验	5分	1. 单车试验器与车辆一端软管连接，关闭该端折角塞门，单车试验器置 1 位，制动管充至定压后，移置 3 位保压 1 min，不得漏泄。 2. 另一端软管加软管堵，开放两端折角塞门，截断塞门处关闭位，单车试验器置 1 位，制动管充至定压后，移置 3 位保压 1 min，用防锈检漏剂检查，管系各接头不得漏泄，制动管漏泄量不大于 5 kPa。 3. 关闭另一端折角塞门，卸下软管堵，保压 1 min，制动管漏泄量不大于 5 kPa。	1. 未按作业标准作业，每处扣 1 分。 2. 未观察漏泄量，每次扣 1 分。 3. 检漏剂少涂抹一处扣 1 分。 4. 作业标准需口述，未口述每处扣 2 分，口述错误每处扣 1 分。		

项目		配分	作业标准	评分标准（各项分值扣完为止）	扣分	得分
程序及质量	全车漏泄	5分	开放截断塞门1位充风，用防锈检漏剂检查制动主支管及副风缸、加缓风缸管系接头，不得漏泄，保压1 min，漏泄量不大于5 kPa。	1. 未观察漏泄量扣1分。 2. 检漏剂少涂抹一处扣1分。 3. 作业标准需口述，未口述扣2分，口述错误每处扣1分。		
	制动缓解感度试验	5分	1. 制动感度：连接传感器，4位减压40 kPa保压，须在减压40 kPa以前发生制动作用，其局部减压量不大于40 kPa；局部减压后保压1 min，制动机不得发生自然缓解。 2. 缓解感度：置2位充气，制动缸压力应在45 s内缓解至30 kPa以下。	1. 检漏剂少涂抹一处扣1分。 2. 未观察漏泄量扣1分。 3. 作业标准需口述，未口述每处扣2分，口述错误每处扣1分。		
	制动安定试验	5分	制动管减压200 kPa前，制动机不得发生紧急制动作用；保压1 min，制动缸漏泄量不大于5 kPa；测量活塞行程[356制动缸为（125±10）mm，254制动缸为（155±10）mm]。	1. 未测量活塞行程扣2分。 2. 未观察漏泄量扣1分。 3. 作业标准需口述，未口述扣2分，口述错误每处扣1分。		
	紧急制动试验	5分	制动管减压100 kPa前，制动机须发生紧急制动作用。	1. 未观察减压量扣2分。 2. 作业标准需口述，未口述扣2分，口述错误每处扣1分。		
	加速缓解试验	4分	4位减压100 kPa，然后置3位保压，待压力稳定后，单车试验器置2位，制动缸开始缓解时，制动管压力应有明显跃升。	1. 未观察风压显示扣1分。 2. 作业标准需口述，未口述扣2分，口述错误每处扣1分。		
	半自动缓解试验	5分	1. 主阀缓解试验：4位减压50 kPa，然后置3位保压，拉缓解阀手柄至全开位3~5 s后松开，待制动缸压缩空气自动排净后，将单车试验器置5位，再减压约50 kPa，制动机须发生制动作用。 2. 制动缸缓解试验：3位开启专用紧急试验位，制动管压缩空气排净后，拉缓解阀手柄至全开位3~5 s后松开，制动缸压力应能下降到零。	1. 拉缓解阀不足3~5 s扣1分。 2. 未观察风压显示扣1分。 3. 作业标准需口述，未口述每处扣2分，口述错误每处扣1分。		
	闸瓦间隙调整器性能试验	8分	1. 间隙减小试验：将垫板放入任一闸瓦与车轮之间，5位减压140 kPa，制动缸活塞行程须变短。反复制动、缓解3次后，制动缸活塞行程与初始行程（未安装垫板时的行程）之差须不大于10 mm。 2. 间隙增大试验：撤去闸瓦与车轮之间的垫板，制动后制动缸活塞行程须变长。反复制动、缓解3次后，制动缸活塞行程与初始行程之差不大于10 mm。	1. 未测量活塞行程扣5分。 2. 未按作业标准作业，每次扣2分。 3. 作业标准需口述，未口述每处扣2分，口述错误每处扣1分。		
	空重车自动调整装置性能试验	10分	1. 缓解状态时，测量抑制盘触头与横跨梁触板的间隙：C-21型为（3±1）mm，C-27型为（6±1）mm。 2. 重车位试验：将抑制盘上移，在触头与触板间插入相应厚度（C-21型为25 mm，C-27型为35 mm）的垫板；置5位减压160 kPa，置3位保压，此时空重车位显示牌应翻起；压力稳定后，保压1 min，制动缸压力下降不大于5 kPa；置1位缓解，制动缸压力须降至零，显示牌落下。	1. 触头间隙未检测扣3分。 2. 试验垫板放置错误扣5分。 3. 试验垫板未及时收回扣5分。		

项目		配分	作业标准	评分标准（各项分值扣完为止）	扣分	得分
程序及质量	空重车自动调整装置性能试验	10分	3. 半重车位试验：将抑制盘上移，在触头与触板之间插入相应厚度（C-21型为13 mm，C-27型为19 mm）的垫板；置5位减压160 kPa，置3位保压，制动缸压力为（230±40）kPa；压力稳定后，保压1 min，制动缸压力下降不大于5 kPa；置1位缓解，制动缸压力须降至零。 4. 空车位试验：取下空重车试验垫板，置5位减压160 kPa，3位保压，制动缸压力为（140±20）kPa；保压1 min，制动缸压力下降不大于5 kPa，此时空重车位显示牌不应翻起；置1位缓解，制动缸压力须降至零。	4. 未按作业标准作业，每处扣2分；未做，每处扣5分。 5. 作业标准需口述，未口述每处扣2分，口述错误每处扣1分。		
	人力制动机性能试验	5分	1. 制动性能试验时检查全车闸瓦抱紧车轮，缓解性能试验时用撬棍检查全车闸瓦松开车轮。 2. 固定链式手制动机作用灵活，轴链卷入量为0.5～2圈。 3. 脚踏式制动机卷入量为0.5～1圈（全行程4次，每次须过2齿）。 4. NSW型手制动机具有制动、缓解（快速逆时针方向旋转手轮约40°时须缓解。）、调力制动及锁闭功能。	1. 卷入量不符合要求未调整扣2分。 2. 未按作业标准作业，扣3分。 3. 作业标准需口述，未口述每处扣2分，口述错误每处扣1分。		
	打印数据	3分	试验完毕后，打印试验数据。	1. 未打印扣3分。 2. 不合格项，每项扣2分。		
工具设备使用维护		10分	1. 工、卡、量具使用不正确，每次扣2分。 2. 工、卡、量具及配件、材料等脱落，每处扣2分。 3. 作业完毕未进行工、卡、量具维护保养和放置不当，每件扣1分。			
合计100分						
否决项目			1. 未插设安全防护信号便开始作业全项失格（包括作业中信号落地且在作业结束前未重新插设）。 2. 带风作业全项失格。 3. 作业时间超过规定时间20%全项失格。 4. 作业中因出现碰破、出血、起泡、挤肿等而不能正常作业时全项失格。 5. 尼龙球丢失且未找到全项失格。			

高级考评员签字：_____ _____年____月____日

第七节　分解、组装脱轨自动制动装置

职业（工种）名称：货车检车员　　　　　试题编码：623010201ACA00120901X

考核项目：分解、组装脱轨自动制动装置　　等级：技师

命题人：　　　　　　　　　　　　　　　审核人：

复核人（审定阶段）：

一、准备通知单

（一）材料准备

序号	名称	规格	数量	备注
1	装备有脱轨自动制动装置的货车		1辆	
2	抽芯铆钉	3 mm×14 mm；3 mm×10 mm	若干	
3	扁销	KMP01B-00-03	若干	
4	圆销	KMP01B-00-04	若干	

（二）工具准备

序号	名称	规格	数量	备注
1	游标卡尺		1把	
2	针规（塞尺）	1 mm	1套	
3	手电		1把	
4	脱轨自动制动装置量规		1把	
5	抽芯铆钉枪		1把	
6	卷尺		1把	
7	防护红旗	360 mm×500 mm	1面	

二、技能操作试题

（一）考核项目

分解、组装脱轨自动制动装置。

（二）考评分值

100分。

（三）考核时间

（1）准备时间：1 min。

（2）正式操作时间：5 min。

（3）规定时间内完成不扣分；每超过规定时间7.5 s扣1分，不足7.5 s不计算；作业时间超过规定时间50%全项失格。

（四）操作要求及技术标准

1. 现车脱轨自动制动装置外观检查及检测

（1）脱轨制动阀体裂纹时更换；脱轨制动阀调节杆变形时调修或更换，裂损时更换。

（2）脱轨制动阀杆漏泄、破损时更换；球阀漏泄时更换。

（3）制动阀杆端头与作用杆孔上、下间隙单边不小于 1 mm，如图 3-31 所示。

（4）脱轨制动阀调节杆与作用杆螺纹损坏更换；阀盖丢失时补装。

（5）脱轨制动阀安装螺栓松动时紧固，丢失时补装。

（6）用游标卡尺检测脱轨装置顶梁体剩余厚度，小于原型 1.5 mm 时更换，如图 3-32 所示。

图 3-31　制动阀杆端头与作用杆孔上、下间隙检测　　　图 3-32　脱轨装置顶梁体剩余厚度检测

2. 脱轨装置拉环检查及检测

（1）脱轨装置拉环变形时调修，无法调修、裂损时更换。

（2）脱轨装置拉环腐蚀严重时，用游标卡尺检测剩余厚度，小于 1.5 mm 时更换，如图 3-33 所示。

（3）用卷尺检测拉环销孔与底部钢管内侧高度，Ⅱ型拉环销孔距底部钢管内侧高度为 366 mm，尺寸不符时更换，如图 3-34 所示。

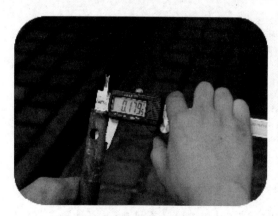

图 3-33　脱轨装置拉环厚度检测　　　　　图 3-34　拉环销孔与底部钢管内侧高度检测

3. 脱轨阀拉环组装

（1）组装脱轨自动制动装置拉环时，配属车全部装用Ⅱ型黄色拉环，限位筒圆销孔方向为横向。

（2）用脱轨装置综合检测样板检测车轴上边缘与顶梁下平面的距离 ΔY_2。向上或向下旋转顶梁，调节车轴上边缘与顶梁下平面的距离ΔY_2至规定值（见表 3-5），插入扁销。扁销的规格见表 3-6。

表 3-5 ΔX、ΔY_1、ΔY_2的取值范围

轴重/t	21		25
转向架型号	转 8 系列、转 K2 型	转 K4 型	转 K5 型、转 K6 型
ΔX/mm	80±10	80±10	75±10
ΔY_2/mm	85±2	105±2	100±2
ΔY_1/mm	40^{+3}_{-5}	45^{+3}_{-5}	40^{+3}_{-5}

表 3-6   连接销及抽芯铆钉的代号及材料

名称	代号	材料
圆销	KMP01B-00-04	45
扁销	KMP01B-00-03	45
抽芯铆钉 3×10	GB/T 12617.4—2006	51 级
抽芯铆钉 3×14	GB/T 12617.4—2006	51 级

（3）将拉环两端插入顶梁限位孔中，插入圆销，圆销的规格见表 3-6。

（4）用样板检测车轴下边缘至拉环的距离ΔY_1及车轴左右边缘与拉环的距离ΔX，距离须符合规定值（见表 3-5）。

（5）用样板检测车轴上边缘与顶梁下平面的距离ΔY_2。车轴下边缘至拉环的距离ΔY_1及车轴左右边缘与拉环的距离ΔX均符合规定后，用抽芯铆钉铆接扁销、圆销。扁销、圆销、抽芯铆钉的规格见表 3-6。

4. 抽芯铆钉组装

（1）抽芯铆钉使用拉铆枪铆固，与顶梁组成的圆销用抽芯铆钉 3×14 铆接，连接螺母、作用杆与调节杆的扁销需用抽芯铆钉 3×10 铆接。

（2）铆接时须使用抽芯铆钉枪沿铆钉轴向拉断，不得使铆钉产生弯曲；铆接过程中要保持钉体直径最大的挡边部分与被铆接件接触。

（3）钉芯拉断后使钉帽在孔内胀开；铆接后须检查铆接质量，铆钉弯曲、成形不良、孔内胀开或松动时更换。

四、配分及评分标准

职业（工种）名称：货车检车员　　　　试题编码：**623010201ACA00120901X**

考核项目：**分解、组装脱轨自动制动装置**　　等级：**技师**

员工编号：　　　　　姓名：　　　　　操作时间：　　　　　核分：

项目		配分	考核内容	评分标准（各项分值扣完为止）	扣分	得分
时间		20分	规定时间5 min。	每超时7.5 s扣1分，不足7.5 s不计算。		
安全		10分	1. 着装符合规定，穿戴工作服、帽、手套、防砸鞋。 2. 作业过程中不得碰破、出血、起泡、挤肿。	1. 着装穿戴不符合规定扣5分。 2. 作业中轻微受伤扣5分。		
操作程序及质量	准备	5分	1. 工、卡、量具准备齐全。 2. 检查量具鉴定标签不过期，作用良好。	1. 工、卡、量具准备不全，每件扣1分。 2. 未检查、确认量具检定日期，每件扣2分。		
	脱轨自动制动装置外观检查、检测	30分	1. 做好防护措施，关闭截断塞门，排尽车辆余风。 2. 外观检查脱轨阀阀体、调节杆、作用杆是否良好，安装螺栓是否松动。 3. 样板、量具检测： （1）端头与作用杆单边间隙不小于1 mm； （2）顶梁体腐蚀、裂损剩余厚度不小于1.5 mm； （3）Ⅱ型拉环销孔距底部钢管内侧高度为366 mm。	1. 未进行外观检查扣5分。 2. 未检查安装螺栓扣5分。 3. 未检测间隙限度扣5分。 4. 未检测脱轨阀拉环磨耗扣5分。 5. 未检测拉环长度扣3分。 6. 量具使用不正确，每项扣3分。		
	脱轨自动制动装置拉环组装	20分	1. 按照规范作业程序分解、组装拉环，并进行样板检测。 2. 车轴下边缘至拉环的距离ΔY_1为40^{+3}_{-5} mm；车轴左右边缘与拉环的距离ΔX为（75±10）mm；车轴上边缘与顶梁下平面的距离ΔY_2为（100±2）mm。	1. 未进行样板检测，每项扣10分。 2. 量具使用不正确，每处扣5分。		
	抽芯铆钉组装	10分	1. 顶梁组成的圆销用抽芯铆钉3×14铆接。 2. 连接螺母、作用杆与调节杆的扁销需用抽芯铆钉3×10铆接。	1. 未沿抽芯铆钉轴向拉断铆钉扣10分。 2. 铆接后须检查铆接质量，铆钉弯曲、成形不良、孔内胀开或松动，每项扣5分。		
工具设备使用		5分	1. 正确使用工、卡、量具，不得损坏工、卡、量具及设备。 2. 工、卡、量具及配件、材料等不得脱落。 3. 作业完毕进行工、卡、量具维护保养并摆放整齐。	1. 工、卡、量具使用不当，每次扣2分。 2. 工、卡、量具损坏，每件扣5分。 3. 工、卡、量具及配件、材料等脱落，每处扣2分。 4. 作业完毕未进行工、卡、量具维护保养，每件扣1分。		
合计100分						
否决项目			1. 未插设安全防护信号便开始作业全项失格（包括作业中信号落地且在作业结束前未重新插设）。 2. 未关门、排风便开始作业全项失格。 3. 作业时间超过规定时间50%全项失格。 4. 作业中因出现碰破、出血、起泡、挤肿等而不能正常作业时全项失格。			

高级考评员签字：＿＿＿＿＿＿＿＿　　　　　　＿＿＿＿年＿＿月＿＿日

第八节 绘制零件加工图

职业（工种）名称：货车检车员　　　　试题编码：**623010201ACA00220901X**
考核项目：绘制零件加工图　　　　　　等级：技师
命题人：　　　　　　　　　　　　　　审核人：
复核人（审定阶段）：

一、准备通知单

（一）材料准备

序号	名称	规格	数量	备注
1	零部件立体图纸		整套	
2	A2 绘图纸	420 mm×594 mm	若干	
3	草稿纸	A3	若干	

（二）工具、量具准备

序号	名称	规格	数量	备注
1	直尺	500 mm	1 把	
2	丁字尺	1 000 mm	1 把	
3	三角尺	180 mm	1 把	
4	绘图板		1 块	
5	圆规		1 把	
6	橡皮		1 块	
7	铅笔	HB 和 2B	若干	
8	文具小刀		1 把	
9	计算器		1 个	
10	碳素笔		若干	
11	秒表		1 块	

二、技能操作试题

（一）考核项目

绘制零件加工图。

（二）分值

100 分。

（三）考核时间

（1）准备时间：1 min。

（2）正式操作时间：30 min。

（3）规定时间内完成不加分；超过规定时间终止考试。

（四）技术要求

（1）选择适当的表达方法将零部件的形体表达清楚。

（2）标注尺寸。

（五）操作要求及技术标准

（1）确定正视图方向。

（2）布置视图。

（3）先画出能反映物体真实形状的一个视图（一般为正视图）。

（4）运用长对正、高平齐、宽相等的原则画出其他视图。

（5）检查。

要求：俯视图安排在正视图的正下方，左视图安排在正视图的正右方。

选用 AutoCAD 等制图软件时，最终结果以保存在计算机桌面的文件为准，文件命名为：姓名+ERP 员工编号+职业技能认定考试。

附件：基本制图标准

1. 图纸幅面、图框与标题栏

1）图纸幅面

为了便于图样的管理和使用，国家标准《技术制图　图纸幅面和格式》（GB/T 14689—2008）对图纸的幅面尺寸进行了统一规定。制图时，应优先采用表 3-7 所示的基本幅面。

表 3-7　图纸基本幅面

幅面代号	幅面尺寸（$B \times L$）
A0	841×1189 mm
A1	594×841 mm
A2	420×594 mm
A3	297×420 mm
A4	210×297 mm

若有必要，基本幅面也允许加长，加长幅面的尺寸由基本幅面的短边成整数倍增加后得出。

2）图框

图框是图样的边界。在图纸上必须用粗实线画出图框。图框的格式分为不留装订边和留有装订边两种，但同一图样只能采用其中一种格式。加长幅面应采用比所选的基本幅面大一号的图框尺寸。图框线距图幅的左边距为 25 mm，上、下、右均为 5 mm。

3）标题栏

标题栏位于图纸的右下方，外框用粗实线画出，并用细实线画分格线。标题栏用于书写图名、制图人姓名、审核人姓名、比例、日期等内容，详细内容依据具体情况而定。标题栏示例见图 3-35。

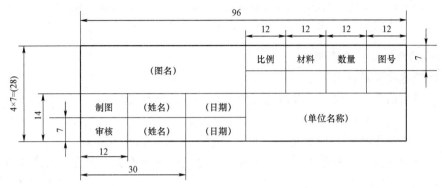

图 3-35　标题栏示例

2. 图线

图形是由图线组成的，不同的图线表达的含义不同。

1）线型及其应用

常用的线型及其应用如表 3-8 所示（摘自 GB/T 4457.4—2002）。

表 3-8　常用的线型及其应用

图线名称	线　型	线宽	一般应用
细实线		$d/2$	过渡线；尺寸线；尺寸界线；指引线和基准线；剖面线；重合断面的轮廓线；短中心线；螺纹牙底线；尺寸线的起止线；表示平面的对角线；零件成形前的弯折线；范围线及分界线；重复要素表示线，例如齿轮的齿根线；锥形结构的基面位置线；叠片结构位置线，例如变压器叠钢片；辅助线；不连续同一表面连线；成规律分布的相同要素连线；投影线；网格线
粗实线		d	可见棱边线；可见轮廓线；相贯线；螺纹牙顶线；螺纹长度终止线；齿顶圆（线）；表格图、流程图中的主要表示线；系统结构线（金属结构工程）；模样分型线；剖切符号用线
波浪线		$d/2$	断裂处边界线；视图与剖视图的分界线[①]
双折线		$d/2$	断裂处边界线；视图与剖视图的分界线[①]
细虚线		$d/2$	不可见棱边线；不可见轮廓线
粗虚线		d	允许表面处理的表示线
细点画线		$d/2$	轴线；对称中心线；分度圆（线）；孔系分布的中心线；剖切线
粗点画线		d	限定范围表示线
细双点画线		$d/2$	相邻辅助零件的轮廓线；可动零件的极限位置的轮廓线；重心线；成形前轮廓线；剖切面前的结构轮廓线；轨迹线；毛坯图中制成品的轮廓线；特定区域线；延伸公差带表示线；工艺用结构的轮廓线；中断线

① 在同一图样上一般采用一种线型，即采用波浪线或双折线。

2）图线宽度（d）

国家标准规定了9种图线宽度。绘制工程图样时，所有线型宽度应在以下系列中选择：0.13 mm、0.18 mm、0.25、0.35 mm、0.5 mm、0.7 mm、1 mm、1.4 mm、2 mm。该数系的公比例为 $1:\sqrt{2}$（$\approx1:1.4$）。同一张图样中，相同线型的宽度一致。

3）图线的画法及注意事项

（1）粗实线要宽度均匀。

（2）虚线间隔要小，线段长度及宽度要均匀，不能出现尖端，虚线为实线的延长线时要留有空隙。

（3）点画线的点要小，间隙要小，应在图形范围内，端部不得为"点"。点画线应超出图形轮廓线 3～5 mm。图形很小时，点画线可用实线代替（用点画线绘制比较困难时，中心线点画线可用细实线代替）。

（4）图线的结合要美观，图线线段相交时，不应交于间隙或点画线的"点"处。

（5）两线相切时，切点处应是单根图线的宽度。

（6）两平行线间的空隙不小于粗线的宽度，同时不小于 0.7 mm。

3. 字体

图样上除了绘制物体的图形外，还要用文字填写标题栏、技术要求，用数字标注尺寸等。

（1）汉字：图样上的汉字应写成长仿宋体字，并应采用国家正式推行的简化字；汉字的高度 h 不应小于 3.5 mm，其字宽一般为 $h/\sqrt{2}$；长仿宋体字的书写要领是：横平竖直，起落分明，结构匀称，写满方格。

（2）字母与数字：图样上可采用拉丁字母、阿拉伯数字和罗马数字书写；字母与数字可写成斜体或直体；斜体字字头向右倾斜，与水平基准线成 75°；同一图样只选用一种字体。

4. 比例

（1）制图标准对图幅的大小和规格做了统一规定，大多数时候图样不能按物体的实际尺寸绘制，需要按一定的比例缩小或放大。比例应注写在标题栏内，但当图样比例不同时，则在每一图样下方注写图名和比例。

（2）绘图常用比例：绘图时尽量采用原比例值；放大或缩小比例优先选用不带括号的比例。

5. 尺寸注法

在工程图样中，视图只表示零件各部分的形状。

1）尺寸的组成

一个标注完整的尺寸应由尺寸界线、尺寸线、尺寸线终端和尺寸数字四部分组成，简称尺寸标注四要素。

（1）尺寸界线：用来指明所注尺寸的范围；用细实线绘制；由图形的轮廓线、轴线或对称中心线处引出，也可利用轮廓线、轴线或对称中心线作尺寸界线；一般应与尺寸线垂直，必要时才允许倾斜。

（2）尺寸线：用来表示所注尺寸的方向，用细实线在两尺寸界线间绘制；尺寸线应与所注图线平行，与尺寸界线垂直。

（3）尺寸线终端：有箭头和斜线两种形式，其中箭头形式适用于各种类型的图样，机械图样中一般采用箭头作为尺寸线终端；当尺寸线终端采用斜线形式时，尺寸线与尺寸界线应相互垂直；当尺寸线与尺寸界线相互垂直时，同一图样中只能采用一种尺寸线终端形式。

（4）尺寸数字：用来表示物体的实际尺寸；当单位为 mm 时，常省略单位；一般注写在尺寸线上方或尺寸线的中断处；不可被任何图线所通过，否则应将该图线断开。

2）常用尺寸的标注法

常用尺寸的标注法如表3-9所示。

表3-9 常用尺寸的标注法

内　容	说　明
尺寸界线	尺寸界线的一端离开图样轮廓线不小于 2 mm，另外一端超出尺寸线 2～3 mm； 可以用轮廓线或点画线的延长线作为尺寸界线
尺寸线	尺寸线与所注长度平行； 尺寸线不得超出尺寸界线； 尺寸线必须单独画，不得与任何图线重合
尺寸线终端	中粗线短线的倾斜方向与尺寸界线成顺时针45°角，长度为 2～3 mm
尺寸数字的读数方向	尺寸数字应在尺寸线上方（或尺寸线的中断处），并与尺寸线的垂直方向一致； 尺寸线竖直时，尺寸数字的字头向左
尺寸数字的注写位置	尺寸数字按读数方向注写在靠近尺寸线的上方中部； 尺寸线间放不下尺寸数字时，最外边的尺寸数字可放在尺寸界线的外侧，中部可错开注写，也可引出注写； 任何图线遇到尺寸数字时都应断开
尺寸排列	尺寸线到轮廓线的距离≥10 mm，各尺寸线的间距为 7～10 mm，并保持一致； 相互平行的尺寸，应小尺寸在里，大尺寸在外
线性尺寸	单个线性尺寸，尺寸标注四要素齐全，尺寸线应与标注线段平行； 常见标注类型有连续型、对称型、基线型
圆	圆应标注直径，并在尺寸数字前加注符号"ϕ"； 一般情况下，尺寸线应通过圆心，两端面箭头指至圆弧； 圆的剖视图标注时，尺寸线可采用线性尺寸的方法标注； 当圆较小时可将箭头和数字之一或全部移出圈外（箭头大小不变）
圆弧	圆弧应注半径，并在尺寸数字前加注 R； 尺寸线从圆心至圆弧，指向圆弧一端画箭头； 圆弧较小时，可将箭头和数字之一或将全部移出圆弧外； 圆弧较大时，尺寸线可采用折线的方式标注
角度	尺寸界线沿径向引出； 尺寸线画出圆弧，圆心是角的顶点； 起止符号位置不够时可用圆点代替； 尺寸数字一律水平书写
弧长	尺寸界线垂直于该圆弧的弦； 尺寸线用与该圆弧同径的圆弧线表示； 尺寸数字上方加注圆弧符号
弦长	尺寸线垂直于该弦； 尺寸线垂直于该弦

6. 绘制零件图

（1）根据零件支撑板的立体图绘制三视图，如图3-36所示。

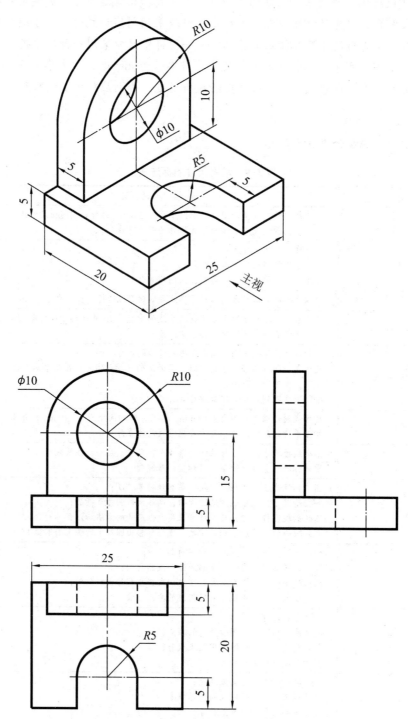

图3-36 根据零件支撑板的立体图绘制三视图

（2）根据零件叉架的立体图绘制三视图，如图 3-37 所示。

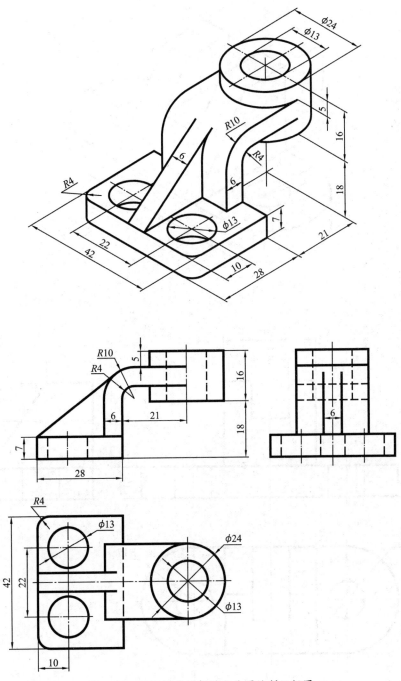

图 3-37 根据零件叉架的立体图绘制三视图

（3）根据零件支架 A 的立体图绘制三视图，如图 3-38 所示。

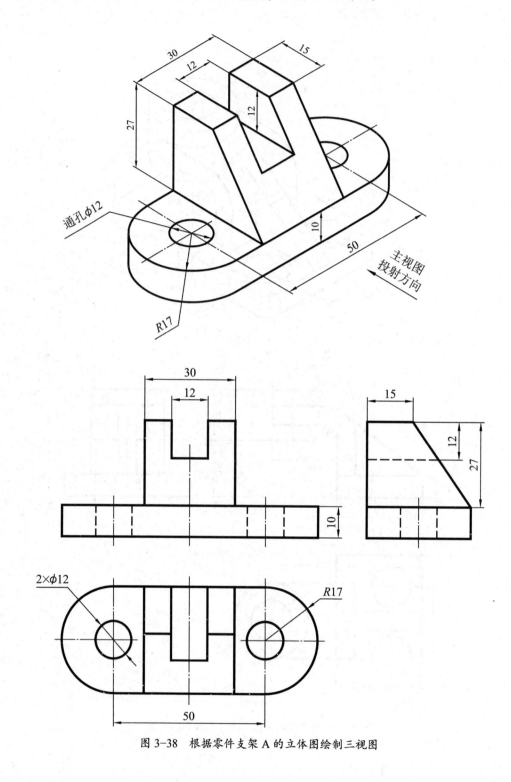

图 3-38　根据零件支架 A 的立体图绘制三视图

（4）根据零件支架 B 的立体图绘制三视图，如图 3-39 所示。

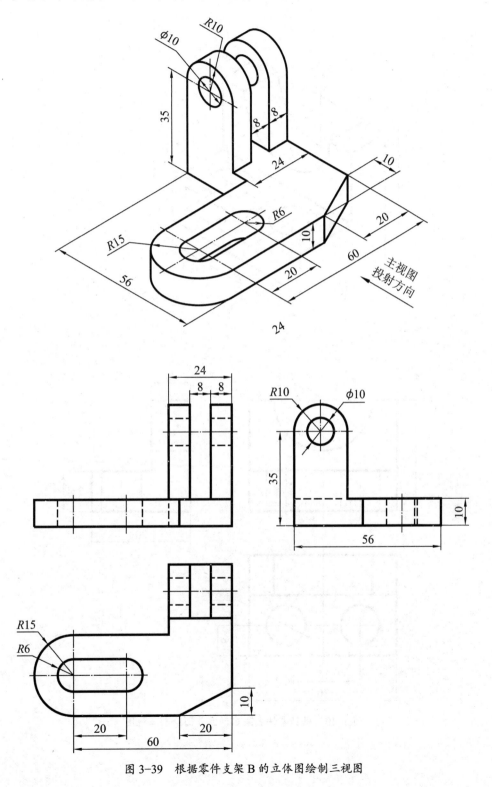

图 3-39 根据零件支架 B 的立体图绘制三视图

（5）根据零件支架 C 的立体图绘制三视图，如图 3-40 所示。

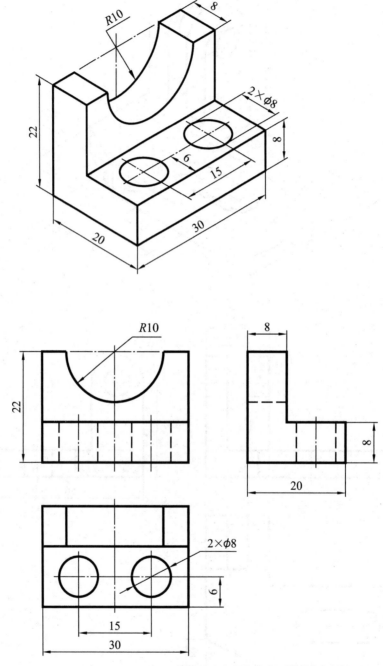

图 3-40 根据零件支架 C 的立体图绘制三视图

（6）根据零件支架 D 的立体图绘制三视图，如图 3-41 所示。

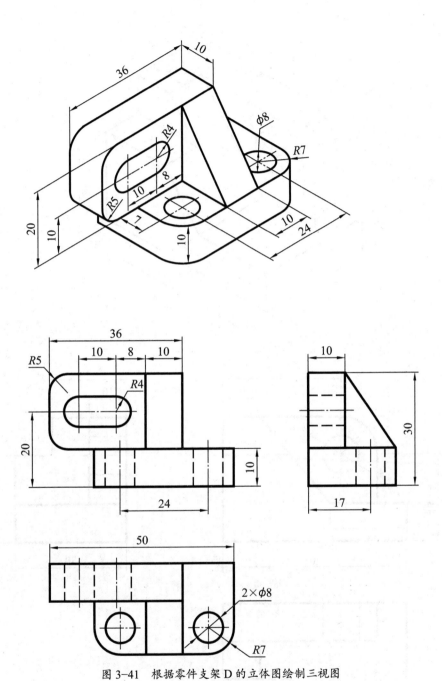

图 3-41　根据零件支架 D 的立体图绘制三视图

（7）根据零件支架 E 的立体图绘制三视图，如图 3-42 所示。

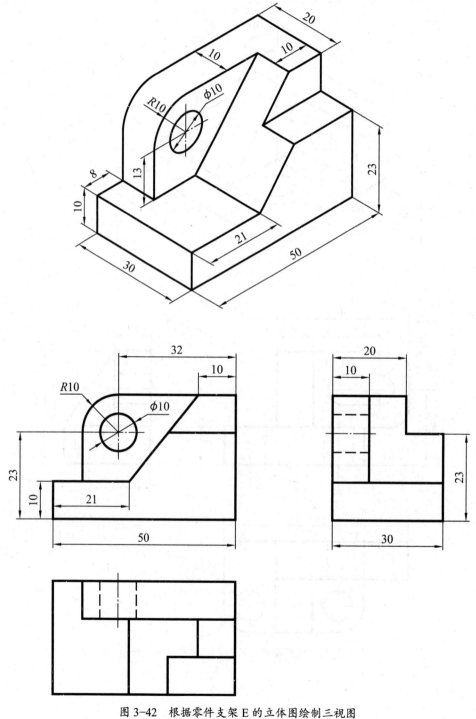

图 3-42　根据零件支架 E 的立体图绘制三视图

三、配分及评分标准

职业（工种）名称：货车检车员　　　　　　试题编码：**623010201ACA00220901X**

考核项目：绘制零件加工图　　　　　　　　等级：技师

员工编号：　　　　　姓名：　　　　　操作时间：　　　　　核分：

项目	配分	考核内容	评分标准（各项分值扣完为止）	扣分	得分
时间		操作时间 30 min。	规定时间内完成不加分；超过规定时间终止作业。		
操作程序及质量	90 分	1. 抽考任意一张零部件立体图纸，画出主视图、俯视图、左视图。 （1）视图及比例选择正确。 （2）图纸幅面正确。 （3）边框线及线条均匀、清晰，图面整洁，字符填写工整。	1. 视图选择不当扣 5 分。 2. 比例不当扣 5 分。 3. 图纸幅面错扣 10 分。 4. 未画出边框线扣 5 分；线条质量不均匀、不清晰，图面不整洁，字符填写不工整，每处扣 5 分。		
		2. 制图标准： （1）尺寸标注正确，符合标准。 （2）画法符合标准。	1. 尺寸标注不符合标准，每处扣 2 分。 2. 画法不符合标准，每处扣 5 分。 3. 少标或错标尺寸，每处扣 5 分；关键线条漏、错，每处扣 10 分；其他线条漏、错，每处扣 3 分。 4. 无标题栏扣 10 分。		
工具使用及其他	10 分	1. 制图工具使用正确、规范。 2. 正确使用工具，工具、设备及零件无损坏、丢失。 3. 作业完毕后，工、量具应放置于规定位置。 4. 不得发生任何不安全因素。 5. 选用 AutoCAD 等制图软件时，最终结果以保存在计算机桌面的文件为准，文件命名为：姓名+ERP 员工编号+职业技能鉴定考试。	1. 制图工具使用不规范，每处减 2 分。 2. 工具丢失或损坏，每件扣 5 分。 3. 作业完毕后，工、量具未放置于规定位置，每件扣 2 分。 4. 发生破皮流血扣 10 分。		
合计 100 分					
否决项目		1. 缺一个及以上视图。 2. 选用 AutoCAD 等制图软件时，未保存制图文件。			

高级考评员签字：_____　　　　　　　　　　　_____年___月___日

第九节　编写货车检车员培训大纲

职业（工种）名称：货车检车员　　　　　　试题编码：**623010201ACA00320901X**

考核项目：编写货车检车员培训大纲　　　　等级：技师

命题人：　　　　　　　　　　　　　　　审核人：

复核人（审定阶段）：

一、准备通知单

材料及工具准备如下：

序号	名称	规格	数量	备注
1	草稿纸	A4	若干	
2	碳素笔、碳素笔		若干	
3	直尺	200 mm	1 把	

二、技能操作试题

（一）考核项目
编写货车检车员培训大纲。

（二）分值
100 分。

（三）编写时间
规定时间 60 min，超过规定时间终止编写。

（四）编写要求
（1）大纲概要：包含课程性质与作用、引用教材、教学内容简介等，并提前设定对学员学习效果的考核方法。

（2）课程教学目标要明确。

（3）培训项目计划表要设计合理。

（4）编写内容及要求：编写内容准确流畅、结构完整；大纲重点内容突出，各实训项目应有安全注意事项、作业程序及质量要求等，各章节标题要明确，内容要清晰易懂；课程总结合理。

（5）考核要求：明确考核方法、考核内容及配分比例。

（6）大纲说明：对大纲其他的情况做进一步说明。

（五）编写实例
详见附件"编写货车检车员培训大纲"（仅供参考）。

附件：编写货车检车员培训大纲

一、大纲概要
本课程是货车车辆检修专业的实训课，通过在实训基地进行货车车辆检修基本技能的实训，使职工进一步熟悉车辆构造，并掌握一定的货车车辆零部件的检修技能，使职工成为具备铁路货车车辆检修、运用、管理等综合能力的高素质技能人才。

二、课程教学目标

1. 货车检车员中级工理论知识培养目标

（1）掌握车辆的基本构造、作用及基本原理。

（2）掌握铁路货车车辆新技术、新工艺、新设备、新材料的知识。

2. 货车检车员中级工技能培养目标

（1）能熟练地运用快速修方法更换车辆零部件。

（2）熟悉车辆运用中常见故障分析、处理的基本方法。

三、实训项目计划表

序号	项目名称	主要内容	标准时间/min	培训人数	学时	授课形式	授课人
1	车辆的基础知识	车辆的基本构造及配件名称	90		2	理论授课	
2	工、量具的使用	工、量、器具校验方法及设备的使用方法	45		1	理论授课	
3	技能操作及安全事项	单车检查	5	20	9	技能授课	
		更换闸瓦	3				
		分解、组装13、16、17型车钩	3				
		更换球芯折角塞门（含更换制动软管）	8				
4	车轮限度测量及货车列检技术作业管理系统操作	车辆轮对检查器的使用	5		4	技能授课	
		货车列检技术作业管理系统操作	4				

注：（1）培训人数由职业技能鉴定站下发。

（2）1学时等于45 min。

学时计算方法：包括讲解时间、操作时间、总结时间。讲解时间根据课前调研的学员技能水平确定。

操作时间概算公式=项目操作时间×培训人数/45 min。总结时间根据学员掌握程度等实际情况确定。

四、教学设施、设备及其他要求

（1）多媒体教室一间。

（2）操作技能教学场地一处。

（3）安装有货车列检技术作业管理系统的计算机一台。

（4）C_{64}或C_{70}敞车一辆。

（5）技能操作工具一套。

（6）轮对测量量具一套。

（7）安全防护器具。

（8）其他设施、设备。

五、考核方法及评分办法

1. 考核方法

采取百分制评定、闭卷考试等方法考核，注意与现场实际工作相联系，考核学员独立动手操作、分析问题和解决问题的能力。考核成绩单独列入学员培训档案。

2. 考核内容及配分比例

（1）车辆的基本知识考核成绩：占总成绩的15%。

（2）工、量具的使用考核成绩：占总成绩的15%。

（3）技能操作及安全事项：占总成绩的40%。

（4）车轮限度测量及货车列检技术作业管理系统操作：占总成绩的20%。

（5）学习期间的学习态度、遵守纪律、出勤情况等：占总成绩的10%。

六、大纲说明

（1）培训大纲作为参考并不是唯一的标准，如有需要可结合实际情况进行准备，教师在具体实施时可结合学员情况适当调整。

（2）建议多与实践相结合，教学中多采用先进的多媒体课件进行教学，多用实物讲解相关知识。

（3）教学过程中注重提高、培养学员的学习能力及处理问题的能力。

三、配分及评分标准

职业（工种）名称：货车检车员　　　　　　试题编码：623010201ACA00320901X

考核项目：编写货车检车员培训大纲　　　　等级：技师

员工编号：　　　　　姓名：　　　　　操作时间：　　　　　核分：

项目	配分	考核内容及评分标准（各项分值扣完为止）	扣分	得分
时间		编写时间60 min；规定时间内完成不加分；超过规定时间终止考试。		
书写要求	5分	1. 整洁：态度认真，书写整齐。 2. 条理：层次清晰，有条不紊，概括性强，逻辑性强。 3. 美观：布局合理。 编写不符合要求，每处扣1分。		
大纲概要	5分	1. 无大纲概要扣5分。 2. 大纲概要需完整准确、简明扼要，不符合要求扣3分。		
课程教学目标	20分	1. 课程教学分为理论和技能两项，每项至少有两个分目标，每缺一个分目标扣5分。 2. 教学目标设计不合理，每项扣3分。		
培训项目计划表	60分	1. 表格设计：包括项目名称、主要内容、项目时间、培训人数、学时、授课形式和授课人等，每缺少一项扣2分。 2. 项目内容：理论知识目标2个，各10分；技能操作目标2个，各15分。		
教学设备及其他要求	5分	教学设备需包含全部培训所需的设备和教学用具，每少一种扣1分。		
考核要求及大纲说明	5分	1. 考核要求中要明确考核方法、考核内容和配分比例，要与教学目标和培训项目相对应，不符合要求的，每处扣1分。 2. 无考核要求或无大纲说明扣5分。		
合计100分				
否决项目		1. 整体大纲缺少课程教学目标全项失格。 2. 培训项目计划表主要内容技能操作项目少于4项全项失格。		

高级考评员签字：＿＿＿＿＿＿　　　　　　　　　　＿＿＿＿＿年＿＿月＿＿日

第十节 更换轮对（5人更换2位轮对或 编写更换轮对作业程序）

职业（工种）名称：货车检车员　　　　试题编码：**623010201ACA00420901X**

考核项目：更换轮对（5人更换2位轮对或　等级：技师
　　　　　编写更换轮对作业程序）

命题人：　　　　　　　　　　　　　　审核人：

复核人（审定阶段）：

一、准备通知单

（一）设备准备

序号	名称	规格	数量	备注
1	通用敞车	C_{64K} 型	1辆	

（二）材料准备

序号	名称	规格	数量	备注
1	轮轴		1条	
2	上拉杆圆销开口销		若干	
3	挡键螺栓开口销		若干	
4	铁丝	0.5 m	1根	

（三）工具准备

序号	名称	规格	数量	备注
1	活扳手	300 mm	4把	
2	钢丝钳		2把	
3	手锤	13.5 kg	1把	
4	撬棍	1 000 mm	1根	
5	起吊车		1辆	
6	尼龙绳吊具		2个	
7	转向架承载鞍吊卡		2个	
8	千斤顶	20 t	2台	
9	千斤顶	50 t	2台	
10	铁马	1 200 mm	2个	
11	枕木墩	850×200×200 mm	4块	

续表

序号	名称	规格	数量	备注
12	木垫板	$400 \times 450 \times 50$ mm	8 块	
13	木垫板	$200 \times 200 \times 50$ mm	6 块	
14	木垫块	$225 \times 150 \times 100$ mm	2 块	
15	止轮器		8 个	
16	防护红旗	360 mm$\times 500$ mm	1 面	
17	尖机		1 个	
18	塞尺		1 把	

二、技能操作试题

（一）考核项目

更换轮对（5 人更换 2 位轮对或编写更换轮对作业程序）。

（二）分值

100 分。

（三）考核时间

（1）准备时间：1 min。

（2）正式操作时间：更换轮对（5 人更换 2 位轮对）的正式操作时间为 30 min（不包括吊运轮对时间）；编写更换轮对作业程序的正式操作时间为 90 min。

（3）5 人分工作业，1、2、3、4 号作业人员按轴位对应的位置分工，5 号为指挥人员；规定时间内完成不扣分；每超过规定时间 45 s 扣 1 分，不足 45 s 不计算；作业时间超过规定时间 50% 全项失格；节约时间不加分。

（4）编写要求：编写工具、材料清单及作业程序和技术标准。

（四）操作要求及技术标准

（1）在车辆两端部设置安全防护信号（1、2 号作业人员负责）。

（2）关闭截断塞门，向外拉动缓解阀拉杆排净副风缸余风，把排风装置卡于缓解阀拉杆与缓解阀拉杆吊架间，安装牢固，确保副风缸内无压力空气进入（3 号作业人员负责）。

（3）设置车辆防溜（1、2 号作业人员负责）。要在更换轮轴转向架车辆的另一转向架的 4 个车轮外侧各放置 1 个止轮器，并向车轮踏面方向打紧，使之贴靠车轮踏面。

（4）分解轴承挡键（3、4 号作业人员负责）。使用克丝钳卸下所更换轮轴两侧的侧架轴承挡键螺栓开口销，利用活扳手松动轴承挡键螺母，卸下挡键螺母、螺栓及挡键，放置在钢轨外侧两线间安全地点。

（5）使用钢丝钳卸下上拉杆圆销开口销，取出上拉杆圆销，放置在钢轨外侧安全地点，然后使用专用卡具（或铁丝）将上拉杆吊装在枕梁上（2 号作业人员负责）。

（6）设置架车设备（作业人员按轴位分工）。

① 将要更换轮轴转向架的两侧枕梁对应侧梁下方的路基地面平整、夯实。

② 按架车千斤顶底平面宽度放置架车千斤顶木垫板，确保位置垂直侧梁的架车千斤顶顶升点（车辆架车点）。

③ 分别将 50 t 千斤顶置于垫板上，关闭油压阀门，进行一次试验起升后，将起升开关置

于锁定为置。

④ 使千斤顶的顶点与侧梁顶升点相对垂直，在千斤顶顶部安放防滑垫，并使千斤顶顶部与侧梁间距离保持在 50 mm 的范围内，如距离超过 50 mm，可适当增加架车千斤顶底部垫板进行调整。

（7）顶升车体。

① 两侧起升千斤顶的作业人员就位，一侧两人，将镐把安装到 50 t 架车千斤顶上。

② 架车指挥人员站在距架车一端端部 5 m 左右的线路中心进行架车的指挥作业。

③ 作业人员分别按照指挥人员的指挥，两侧均匀地起升铁路货车车体。随着架车千斤顶丝杠的升起，作业人员随时将锁紧螺母向下进行旋转，做好千斤顶的自锁防护。

④ 架车指挥人员确认铁路货车起升高度已经可以将转向架推出时，通知作业人员停止架车千斤顶的起升，并通知架车起升作业人员将架车千斤顶丝杠的锁紧螺母旋转到丝杠底部，抽出镐把并放置于安全地点。

（8）安放车体支撑铁马（3、4 号作业人员负责）。两侧起镐人员每 2 人抬一个铁马，分别放于车体两侧架车千斤顶点内侧第三个侧柱对应的侧梁下方，使铁马上部的承载面与侧梁对中搭载，在承载面上放置防滑垫。

（9）抽取心盘销（3 号作业人员负责）。在旁承上方各放置 1 块 225 mm×150 mm×100 mm 的木垫块。作业人员钻入车体下面，两手配合向上拔出心盘销，将心盘销从上心盘的心盘销孔塞入，直至将心盘销脱离下心盘。此时，托住心盘销。

（10）推出转向架（1、2 号作业人员负责）。

① 作业人员分别到转向架的两侧，顺线路方向推动侧架，将转向架推出。

② 托举心盘销的作业人员从上心盘取出心盘销，放置在钢轨外侧两线间安全地点。

③ 转向架推出后，要在距铁路货车端部不少于 5 m 的距离处停留。

④ 在要更换轮轴的另一侧轮轴两个车轮的内外侧各放置 1 个止轮器，并向车轮踏面方向打紧，使之贴靠车轮踏面（3、4 号作业人员负责）。

（11）更换轮轴。

① 将承载鞍卡具卡在侧架导框上方，将卡具卡在承载鞍两个吊装凸缘上，顺时针旋转调整卡具的调整螺栓，将承载鞍固定在侧架导框上或使用专用卡具将要更换轮轴两端的承载鞍与侧架间进行固定（3、4 号作业人员负责）。

② 支起转向架（1、2 号作业人员负责）。作业人员在更换轮轴端的两侧，将导框轴承挡键安装座下方的起镐地面垫平。依次放入垫板、20 t 千斤顶，将千斤顶置于侧架内导框挡键安装座下方处，在千斤顶顶部放置防滑垫块，然后关闭千斤顶的油压阀门，将镐把插入千斤顶的镐把座内，两侧同时上下缓慢压动镐把，平稳同步缓慢起升侧架，将镐顶升到可以推出轮轴的位置。抽出镐把并放置在钢轨外侧安全地点。如两侧的起升高度不足时，在两侧架摇枕弹簧承台下部侧架处放置相应高度枕木墩（根据实际高度可适当增加垫板），松动千斤顶起降开关，落下千斤顶，使侧架落于枕木墩上；撤出千斤顶，在千斤顶处根据实际高度增加垫板后，再利用千斤顶将两侧架支起，待千斤顶起升高度至轮轴可推出侧架时，停止起升千斤顶。

③ 平稳推出轮轴（3、4 号作业人员负责）后，利用起吊车的起重吊将要更换的轮轴吊运至钢轨外侧（辅助人员负责）。利用起吊车的起重吊将良好的轮轴吊运到更换轮轴转向架端

部的线路上，良好轮轴放置于钢轨上时，必须将轮轴的左端（标志板 B 栏带"左"字标记）放置在铁路货车轮位单数侧（现车的 1、3、5、7 位）。

④ 将选配合格的良好轮轴缓慢推向侧架导框内。

（12）落下侧架（1、2 号作业人员负责）。两侧作业人员根据指挥人员的指挥同时缓慢松开千斤顶的油压阀门，落下千斤顶，依次取出千斤顶和垫板，然后卸除承载鞍吊卡。将卸除的工具放置在两线间安全地点。对于二次起升千斤顶支起侧架的情况，落下千斤顶后，撤除部分垫板，再二次起升千斤顶，撤除枕木墩，缓慢松动起降开关，落下千斤顶，撤除垫板。

（13）检查确认两侧承载鞍是否正位，承载鞍完全落实在滚动轴承外圈上部，承载鞍与侧架导框和轴承位置正确，无窜出现象（指挥人员负责）。对不正位的，要重新支起侧架，恢复承载鞍正位，杜绝使用撬棍撬动侧架的方法恢复正位。取下轮轴两端承载鞍与侧架间的固定卡具，整理相关工具到固定存放地点。指挥人员组织作业人员检查转向架的枕簧、减振弹簧及承载鞍正位的技术状态。

（14）推入转向架（3、4 号作业人员负责）。

① 撤除轮轴转向架的止轮器（3、4 号作业人员负责）。

② 作业人员分别到转向架的两侧，将转向架缓慢推入车下（1、2 号作业人员负责）。转向架推入前，作业人员钻入车下，蹲在转向架心盘的车体内侧，双手抓住心盘销将其放入上心盘销孔内，用手抓住心盘销底部将其托住，待转向架推入，使其下心盘与车体上心盘对中后，将心盘销放入下心盘销孔内，稳定转向架（3 号作业人员负责），然后钻出车体站在钢轨外侧安全地点。撤除旁承上方须放置两块 225 mm×150 mm×100 mm 的木垫块。撤除车体支撑铁马。车辆两侧每两人抬一个铁马分别从车下撤除，放置在钢轨外侧两线间安全地点。

（15）落下车体（1、2 号作业人员负责）。

① 落车指挥人员在距车端 5 m 左右的线路中心进行落车的指挥工作。

② 车体两侧的架车千斤顶作业人员，到达架车千斤顶的作业位置就位后，将架车千斤顶丝杠的锁紧螺母旋向丝杠的顶端，等候指挥人员的落车命令；当接到落车的命令后，两侧作业人员同时缓慢将架车千斤顶的起降开关置于落车位，使车体均匀缓慢落下。

③ 指挥人员时刻观察车体两侧架车千斤顶的下降速度，发现两侧下降速度不一致时，要立即命令下降速度快的架车千斤顶作业人员调整架车千斤顶的起降开关以控制下降速度，确保两侧架车千斤顶的下降速度均匀，使车体均匀安全落于转向架上，上下心盘吻合。

④ 千斤顶落下后，两侧作业人员及时将架车千斤顶及垫板等附属设备撤出至车体外方两线间安全地点，并使用铁叉平整线路。

（16）落车检查。检查上、下心盘落实情况，检查心盘磨耗盘是否松动，检查旁承滚子与上旁承是否有间隙（指挥人员负责）。

（17）安装挡键和组装上拉杆圆销（3、4 号作业人员负责）。

① 将挡键从内导框三角孔内塞入，由上向下串入挡键螺栓，尾部依次套上防松垫圈和螺母；使用活扳手将螺母紧固，然后安装开口销；将开口销撤开卷起。

②（指挥人员负责）转 K2 型转向架挡键与轴承外圈的最小间隙不小于 2 mm。检测方法：用组合塞尺插入轴承外圈与挡键之间进行检测；拆除上拉杆的吊具，安装上拉杆圆销及开口销；将上拉杆圆销由上向下插入上拉杆和移动杠杆的连接销孔内，将开口销劈开 60°～70°。

（18）确认作业全部结束后，开启截断塞门（3 号作业人员负责），撤除车辆上的安全防护信号（1、2 号作业人员负责）。

三、配分及评分标准

（一）更换轮对（5 人更换 2 位轮对）

职业（工种）名称：货车检车员　　　　　试题编码：**623010201ACA00420901X**

考核项目：更换轮对（**5 人更换 2 位轮对**）　　等级：技师

员工编号：　　　　姓名：　　　　操作时间：　　　　核分：

项目	配分	考核内容	评分标准（各项分值扣完为止）	扣分	得分
时间	10 分	规定时间 30 min。	每超时 90 s 扣 1 分，不足 90 s 不计算；节约时间不加分。		
安全	10 分	1. 着装符合规定，穿戴工作服、帽、手套。 2. 作业过程中不得碰破、出血、起泡、挤肿。 3. 起镐前检查镐体垂直，镐顶加防滑物。 4. 顶镐及铁马安放牢固。	1. 着装穿戴不符合规定扣 5 分。 2. 作业中轻微受伤扣 5 分。 3. 未正确使用千斤顶，每处扣 5 分。 4. 安全防护信号未展开（卷起一圈即为未展开）、落地扣 2 分；忘撤安全防护信号扣 10 分。		
程序及质量	70 分	1. 插入设置安全防护信号，关闭截断塞门，排出副风缸或工作风缸的压力空气。 2. 在需要更换轮对的相对转向架的车轮前后安放止轮器。 3. 卸下上拉杆开口销及圆销。 4. 在不良轮对的枕梁两端起升千斤顶，并安放安全铁支架。 5. 待车底架起升高度至转向架可推出时，停止起升千斤顶活塞，并将千斤顶安全螺母旋转至活塞底部。 6. 将故障车轮转向架推出车体之外，并在与车体之间留有更换轮对的距离。 7. 在不良轮对的相对车轮前后安放止轮器。 8. 在不良轮对一方的两侧架底部起升千斤顶，同时将承载鞍与侧架卡住。 9. 将千斤顶起升至轮对可从侧架推出时，停止起升千斤顶活塞。 10. 推出不良轮对，使用起重机将不良轮对吊出线路，安放良好的轮对。 11. 将良好轮对推入侧架轴箱导框内，落下两侧架千斤顶，使承载鞍与轮对、轮对与转向架恢复正位；撤除两侧架底部的千斤顶及止轮器。 12. 将转向架推向车底架，使转向架与车体恢复正位；撤除安全铁支架并降落千斤顶，使上、下心盘吻合，旁承间隙符合规定；撤除千斤顶及止轮器。 13. 安装上拉杆圆销、开口销。 14. 开通截断塞门。 15. 撤除安全防护信号。	1. 未按规定顺序作业或顺序颠倒，每次扣 5 分。 2. 完工后工具、材料未放回指定地点，每件扣 5 分。 3. 未检查量具技术状态、校验日期扣 5 分；损坏检查器扣 10 分；工具使用不当，每次扣 3 分；工具损坏，每件扣 5 分。 4. 未安放止轮器，每个扣 3 分；止轮器安放不正确，每个扣 2 分。 5. 顶镐安放不正确，每个扣 5 分；落镐不平稳扣 5 分。 6. 铁马位置未在架起位置，每个扣 3 分。 7. 未检查承载鞍及承载鞍与侧架导框间隙，每项扣 2 分。 8. 未检查轴承与承载鞍是否正位扣 5 分。		

项目	配分	考核内容	评分标准（各项分值扣完为止）	扣分	得分
程序及质量	70分	1. 转 K2 型转向架挡键与轴承外圈的最小间隙不小于 2 mm，挡键螺栓须紧固，开口销卷起。 2. 上拉杆圆销开口销的劈开角度大于 60°。	1. 未用量具测量，每处减 3 分。 2. 量具使用不规范，每处减 2 分。 3. 上拉杆圆销未装扣 5 分；开口销未劈开或角度不符合规定扣 3 分。		
		在程序及质量考核项目中，因个人原因出现重大问题。	责任人扣总成绩的20%，指挥人员扣总成绩的10%，其余作业人员不扣分。		
合计 100 分					
否决项目		1. 未插设安全防护信号便开始作业全项失格（包括作业中信号落地且在作业结束前未重新插设）。 2. 作业时间超过规定时间50%全项失格。 3. 未插、撤止轮器全项失格。 4. 未关门、排风便开始作业全项失格。 5. 作业中因出现碰破、出血、起泡、挤肿等而不能正常作业时全项失格。			

高级考评员签字：_____　　　　　　　　　　_____年___月___日

（二）编写更换轮对作业程序

职业（工种）名称：货车检车员　　　　**试题编码：623010201ACA00420901X**
考核项目：编写更换轮对作业程序　　　　**等级：技师**

员工编号：　　　　姓名：　　　　操作时间：　　　　核分：

项目	配分	考核内容及评分标准（各项分值扣完为止）	扣分	得分
时间		1. 正式操作时间：90 min。 2. 超过规定时间终止考试。		
程序	100 分	1. 编写内容须条理清晰，语言组织合理，叙述清楚，应包含工、量、器具及材料、安全防护等，漏编写一项扣 2 分；漏编一条作业程序扣 10 分；作业过程先后顺序颠倒扣 5 分。 2. 编写操作过程的内容中叙述不完整扣 2 分，叙述不正确扣 5 分。 3. 编写内容中工具、材料、配件出现非专业用语，每处扣 2 分。 4. 未编写各工具在作业中使用时的安全要求，每项扣 10 分。 5. 未编写技术要求及质量标准，每项扣 3 分。 6. 编写过程中违反考场纪律者视为作弊处理。		
合计	100 分			

高级考评员签字：_____　　　　　　　　　　_____年___月___日

（三）编写更换轮对作业过程答题卡

日期：　　　　员工编号：　　　　姓名：

（此处为空白答题框）

第十一节　货车车钩报废鉴定

职业（工种）名称：货车检车员　　　　试题编码：623010201ACA00520901X
考核项目：货车车钩报废鉴定　　　　等级：技师
命题人：　　　　审核人：
复核人（审定阶段）：

一、准备通知单

（一）材料准备

序号	名称	规格	数量	备注
1	车钩	13、13A、13B 型	1 个	
2	铁路货车段修规程		1 本	2012 版
3	铁路货车厂修规程		1 本	2018 版

（二）工具、量具准备

序号	名称	规格	数量	备注
1	电动角向磨光机		1台	
2	钢丝刷		1把	
3	检点锤		1把	
4	手电筒		1个	
5	钩腔前导向角凸台量规	13型	1把	
6	车钩钩体量规	13型	1把	
7	钩体尾端上下面差量规	13型	1把	
8	钩腔上防跳台磨耗量规	13型	1把	
9	钢卷尺	2 m	1把	
10	直钢尺	200 mm	1把	

二、技能操作试题

（一）考核项目

货车车钩报废鉴定。

（二）分值

100分。

（三）考核时间

（1）准备时间：1 min。

（2）正式操作时间：20 min。

（3）规定时间内完成不扣分；每超过规定时间 1 min 扣 1 分，不足 1 min 不计算；作业时间超过规定时间 50% 全项失格。

（四）操作要求及技术标准

（1）13 型车钩锁腔内部结构如图 3-43 所示。

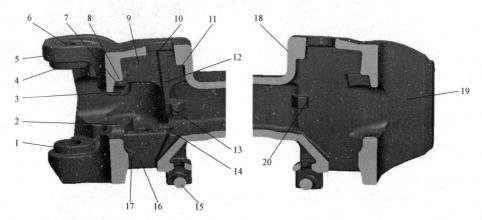

1—下护销突缘；2—下牵引突缘；3—上牵引突缘；4—上护销突缘；5—钩耳；6—钩耳孔；7—导向挡；8—全开作用台；9—钩锁腔；10—上锁销孔；11—上防跳台；12—钩锁导向壁；13—钩舌推铁挡块；14—钩舌推铁轴孔；15—下锁销钩转轴；16—下锁销孔；17—下防跳台；18—钩肩；19—钩腕；20—钩锁后部定位挡。

图 3-43　13 型车钩锁腔内部结构

（2）作业人员打开强光手电，对车钩外部、上钩耳、下钩耳和钩耳内侧弧面上、下弯角处及钩腔内部进行全面检查。如果检查过程中无法分辨裂纹或锈蚀时，用电动角向磨光机对疑似裂纹或锈蚀部位进行打磨，使该处露出基本金属面后，再次进行确认。

（3）质量标准。

① 车钩钩体无制造单位、时间标记报废。

② C级钢、E级钢钩体满25年报废；满20年但未满25年的钩体、冲击台或牵引台有横裂纹时报废；普碳钢钩体满20年报废。

③ 钩颈、钩身横裂纹在同一断面长度之和不大于50 mm焊修，大于时报废。

④ 13、13A（B）型车钩钩体钩尾销孔后壁与钩尾端面间裂纹长度不大于20 mm时焊修，大于时报废。

④ 钩耳裂纹长度不大于15 mm时焊修，大于时报废；钩耳内侧弧面上、下弯角处裂纹长度之和不大于25 mm时焊修，大于时报废。

⑤ 牵引台、冲击台根部裂纹长度不大于20 mm且裂纹未延及钩耳体时焊修，裂纹长度大于20 mm或裂纹延及钩耳体时报废。

⑥ 钩耳壁厚度小于22 mm时报废。

⑦ 钩腔上防跳台磨耗大于2 mm时，堆焊后恢复原型尺寸。检测方法：作业人员以车钩上锁销孔上平面为基准，将13型钩腔上防跳台磨耗量规53Z端从上锁销孔内插入上平面与上防跳台之间（见图3-44），在磨耗最深处止不住（53Z端完全插入）时，上防跳台磨耗超限。

⑧ 钩腔前导向角不足6 mm的原型尺寸时，堆焊后使钩腔前导向角恢复至6 mm凸台原型。检测方法：作业人员将13、13A型钩腔前导向角凸台量规A、B点分别贴靠导向角侧面和下部（见图3-45），A点不接触时钩腔前导向角磨耗超限。

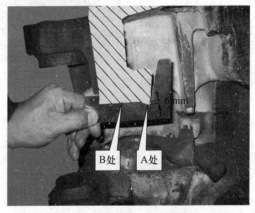

图3-44　钩腔上防跳台磨耗检测　　　　图3-45　钩腔前导向角检测

⑨ 上锁销孔前后磨耗之和大于3 mm时，可堆焊后恢复原型尺寸。检测方法：作业人员沿车钩纵向中心方向，将13型车钩钩体量规平行于车钩纵向中心线，用69Z端检测上锁销孔（见图3-46），插入深度超过10 mm（69Z端完全插入）时，上锁销孔前后磨耗之和超限。

⑩ 钩尾端部与钩尾销孔边缘的距离上、下面之差大于2 mm时，堆焊后打磨平整。检测方法：作业人员将13型钩体尾端上下面差量规贴靠钩尾端面和钩尾销孔上、下平面（见图3-47），读取13型钩体尾端上下面差量规的刻度数值并计算。

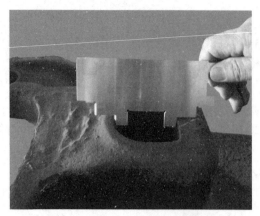

图 3-46　上锁销孔前后磨耗之和检测

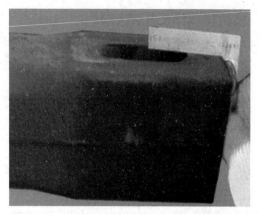

图 3-47　钩尾端部与钩尾销孔边缘的距离差检测

⑪ 钩尾端面与钩尾销孔边缘的距离小于 40 mm 时，在钩尾端面堆焊或焊装磨耗板。检测方法：作业人员将 13 型车钩钩体量规 40Z 端伸入钩尾端面与钩尾销孔边缘（见图 3-48），深入钩尾端面与钩尾销孔边缘 15 mm 止不住（40Z 端完全插入）时，钩尾端面与钩尾销孔边缘的距离磨耗超限。

图 3-48　钩尾销孔边缘与钩尾端部距离检测

附件 3-7　配件报废鉴定记录

序号	配件名称	铸造号				故障信息	报废/加修	备注
		规格型号	制造厂家	制造日期	铸造编号			
1								
2								
3								
4								
5								
6								

填表人：　　　　　　　　　日期：

三、配分及评分标准

职业（工种）名称：货车检车员　　　　　试题编码：**623010201ACA00520901X**

考核项目：货车车钩报废鉴定　　　　　　等级：技师

员工编号：　　　　姓名：　　　　操作时间：　　　　核分：

项目	配分	考核内容	评分标准（各项分值扣完为止）	扣分	得分
作业时间	10 分	规定时间 20 min。	每超时 1 min 扣 1 分，不足 1 min 不计算。		
作业安全	10 分	1. 着装符合规定，穿戴工作服、帽、手套。 2. 作业过程中不得碰破、出血、起泡。	1. 着装穿戴不符合规定扣 5 分。 2. 作业中轻微受伤扣 5 分。		
作业流程	20 分	1. 准备工具，检查工具的技术状态。 2. 检查车钩并口述配件部位名称及限度。 3. 根据检查、测量结果，对照有关规程进行鉴定。 4. 测量裂纹并做好记录。 5. 填写相关报单并报告作业完毕。	1. 未按规定顺序作业或顺序颠倒，每次扣 5 分。 2. 工具使用不当，每次扣 3 分；工具损坏，每件扣 5 分。 3. 该检查、测量的部位未检查、测量，每处扣 5 分。 4. 规程应用不当扣 5 分。 5. 完工后工具、材料未放回指定地点，每件扣 1 分。		
作业质量	60 分	1. 裂纹尺寸测量准确，误差不超过±1 mm。 2. 根据鉴定检查判定加修或报废。 3. 各部位检查全面，不漏检。 4. 鉴定意见填写正确。 5. 发现故障情况： | 故障编号	1	2	3
表述正确			
表述不正确					1. 尺寸测量误差不超过±1 mm，每超过±1 mm 扣 5 分；测量结果未做记录，每处扣 2 分。 2. 根据鉴定结果作出加修或报废的判定，判断错误扣 20 分。 3. 漏检查部位，每处扣 10 分。 4. 错误或涂改，每处扣 2 分；无处理意见或不准确扣 5 分。 5. 共设 3 处故障，每少发现一处扣 20 分。		
合计 100 分					
否决项目		1. 作业中因出现碰破、出血、起泡、挤肿等而不能正常作业时全项失格。 2. 作业时间超过规定时间 50%全项失格。 3. 发现故障不足 60%全项失格。			

高级考评员签字：＿＿＿＿＿＿＿＿＿＿＿＿＿　　　　　＿＿＿＿年＿＿月＿＿日

第四章　高级技师货车检车员操作项目

第一节　货车侧架报废鉴定

职业（工种）名称：货车检车员　　　　试题编码：623010201AAA00110901X
考核项目：货车侧架报废鉴定　　　　　等级：高级技师
命题人：　　　　　　　　　　　　　　审核人：
复核人（审定阶段）：

一、准备通知单

（一）材料准备

序号	名称	规格	数量	备注
1	侧架		1个	
2	铁路货车段修规程		1本	2012版
3	铁路货车厂修规程		1本	2018版

（二）工具准备

序号	名称	规格	数量	备注
1	检点锤		1把	
2	手电筒		1个	
3	样板		1套	
4	盒尺	2 m	1把	
5	直钢尺	200 mm	1把	
6	碳素笔、草稿纸		若干	

二、技能操作试题

（一）考核项目
货车侧架报废鉴定。

（二）分值

100 分。

（三）考核时间

（1）准备时间：1 min。

（2）正式操作时间：20 min。

（3）规定时间内完成不扣分，每超过规定时间 1 min 扣 1 分，不足 1 min 不计算；作业时间超过规定时间 50%全项失格。

（四）操作要求及技术标准

1. 寿命管理判定

（1）无制造单位、时间标记时报废。

（2）侧架使用时间满 25 年，或满 20 年而未满 25 年时 A、B 部位出现裂纹时报废。

2. 侧架 A、B 部位示意图

转 K2、转 K6 型侧架 A、B 部位示意图如图 4-1 所示。

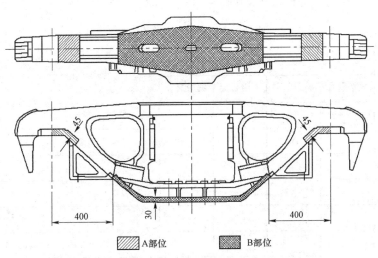

图 4-1　转 K2、转 K6 型侧架 A、B 部位示意图

3. 侧架 A、B 部位判定

（1）横裂纹、贯通缺陷或缺陷面积大于 20 cm²、长度大于 10 mm、深度大于该处图样规定壁厚的 30%时报废；有纵裂纹时焊修。检测方法：作业人员用钢板尺检测裂纹处长度。

（2）A 部位缺陷清除后，允许存在深度不大于 2 mm、长度不大于 10 mm、相距大于 100 mm 的局部凹陷，且凹陷处剩余壁厚大于图样规定的最小尺寸时，须磨修使凹陷与周围表面圆滑过渡；超限时报废。

（3）B 部位缺陷清除后可存在深度不大于 3 mm 的局部凹陷，且凹陷处剩余壁厚大于图样规定的最小尺寸时，须磨修使凹陷与周围表面圆滑过渡。凹陷深度小于该处图样规定壁厚的 25%、面积不大于 20 cm²、长度小于 50 mm，且每个部位只有 1 处时，焊修后可不作回火及局部消除应力处理；超限时报废。

（4）A、B 部位检修后，不得有铲痕和刻痕。

137

4. 侧架其他部位判定

（1）横裂纹长度不大于 150 mm 或有纵裂纹时磨修；横裂纹长度大于 150 mm 时报废。

（2）缺陷清除后允许存在深度不大于 4 mm 的局部凹陷，且凹陷处剩余壁厚大于图样规定的最小尺寸时，须磨修使凹陷与周围表面圆滑过渡。

（3）缺陷清除后存在单个面积不大于 20 cm^2、深度大于 4 mm 但不大于该处图样规定壁厚的 50%，或总面积不大于 100 cm^2 的凹陷时，焊修后可不进行回火或局部消除应力处理；超限时报废。

（4）缺陷清除后存在单个面积大于 20 cm^2 的贯通缺陷，或单个面积大于 50 cm^2、深度大于图样规定壁厚 50% 的凹陷，或总面积大于 100 cm^2 的凹陷时报废。

（5）表面存在深度不大于 3 mm 的铲痕或刻痕，且剩余壁厚大于图样规定最小尺寸时磨修，使其与周围表面平滑过渡；铲痕或刻痕深度大于 3 mm 时报废。

（5）提出处理意见（书面）。

（6）填写处理加修单（报废时提出报废数据）。

（7）填写配件报废鉴定记录（见附件 4-1）。

附件 4-1　配件报废鉴定记录

序号	配件名称	铸造号				故障信息	报废/加修	备注
		规格型号	制造厂家	制造日期	铸造编号			
1								
2								
3								
4								
5								
6								

填表人：　　　　　　　　　日期：

三、配分及评分标准

职业（工种）名称：货车检车员　　　　试题编码：623010201AAA00110901X

考核项目：货车侧架报废鉴定　　　　等级：高级技师

员工编号：　　　　姓名：　　　　操作时间：　　　　核分：

项目	配分	考核内容	评分标准（各项分值扣完为止）	扣分	得分
时间	10 分	规定时间 20 min。	每超时 1 min 扣 1 分，不足 1 min 不计算。		
安全	10 分	1. 着装符合规定，穿戴工作服、帽、手套。 2. 作业过程中不得碰破、出血、起泡。	1. 着装穿戴不符合规定扣 5 分。 2. 作业中轻微受伤扣 5 分。		

项目	配分	考核内容	评分标准（各项分值扣完为止）	扣分	得分
程序	20分	1. 准备工具，检查工具的技术状态。 2. 检查侧架。 3. 测量裂纹并做好记录。 4. 填写相关报单。	1. 未按规定顺序作业或顺序颠倒，每次扣5分。 2. 工具使用不当，每次扣3分；工具损坏，每件扣10分。 3. 该检查、测量的部位未检查、测量，每处扣5分。 4. 规程应用不当扣5分。 5. 完工后工具、材料未放回指定地点，每件扣2分。		
质量	60分	1. 裂纹尺寸测量准确，误差不超过±1 mm。 2. 根据鉴定检查情况，判定加修或报废。 3. 各部位检查全面，不漏检。 4. 鉴定意见填写正确。 5. 发现故障情况：	1. 尺寸测量误差不超过±1 mm，每超过±1 mm扣5分；测量结果未做记录，每处扣2分。 2. 根据鉴定结果做出加修或报废的判定，判断错误扣20分。 3. 漏检查部位，每处扣10分。 4. 错误或涂改，每处扣2分；无处理意见或不准确扣5分。 5. 共设3处故障，每少发现一处扣20分。		

故障编号	1	2	3
表述正确			
表述不正确			

否决项目	1. 作业中因出现碰破、出血、起泡、挤肿等而不能正常作业时全项失格。 2. 作业时间超过规定时间50%全项失格。 3. 发现故障不足60%全项失格。

高级考评员签字：＿＿＿＿＿＿＿＿＿＿＿＿＿＿ ＿＿＿＿年＿＿月＿＿日

第二节 货车摇枕报废鉴定

职业（工种）名称：货车检车员　　　　　试题编码：623010201AAA00210901X
考核项目：货车摇枕报废鉴定　　　　　等级：高级技师
命题人：　　　　　　　　　　　　　　审核人：
复核人（审定阶段）：

一、准备通知单

（一）材料准备

序号	名称	规格	数量	备注
1	摇枕		1个	
2	铁路货车段修规程		1本	2012版
3	铁路货车厂修规程		1本	2018版

（二）工具准备

序号	名称	规格	数量	备注
1	手电筒		1个	
2	钢卷尺	2 m	1个	
3	直钢尺	200 mm	1把	
4	碳素笔、草稿纸		若干	

二、技能操作试题

（一）考核项目

货车摇枕报废鉴定。

（二）分值

100分。

（三）考核时间

（1）准备时间：1 min。

（2）正式操作时间：20 min。

（3）规定时间内完成不扣分；每超过规定时间 1 min 扣 1 分。不足 1 min 不计算；作业时间超过规定时间 50%全项失格。

（四）操作要求及技术标准

1. 寿命管理判定

（1）无制造单位、时间标记时报废。

（2）摇枕使用时间满 25 年，或满 20 年而未满 25 年时 A、B 部位出现裂纹时报废。

2. 摇枕 A、B 部位示意图

转 K2、转 K6 型摇枕 A、B 部位示意图如图 4-2 所示。

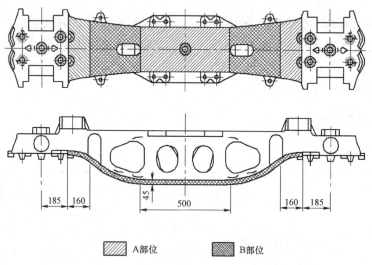

图 4-2　转 K2、转 K6 型摇枕 A、B 部位示意图

3. 摇枕 A、B 部位判定

（1）横裂纹、贯通缺陷或缺陷面积大于 20 cm^2、长度大于 10 mm、深度大于该处图样规定壁厚的 30%时报废；有纵裂纹时焊修。检测方法：作业人员用钢板尺测量裂纹处长度。

（2）A 部位缺陷清除后，允许存在深度不大于 2 mm、长度不大于 10 mm、相距大于 100 mm 的局部凹陷，且凹陷处剩余壁厚大于图样规定的最小尺寸时，须磨修使凹陷与周围表面圆滑过渡；超限时报废。

（3）B 部位缺陷清除后可存在深度不大于 3 mm 的局部凹陷，且凹陷处剩余壁厚大于图样规定的最小尺寸时，须磨修使凹陷与周围表面圆滑过渡。凹陷深度小于该处图样规定壁厚的 25%、面积不大于 20 cm^2、长度小于 50 mm，且每个部位只有 1 处时，焊修后可不作回火及局部消除应力处理；超限时报废。

（4）A、B 部位检修后，不得有铲痕和刻痕。

4. 摇枕其他部位判定

（1）横裂纹长度不大于 100 mm 或有纵裂纹时磨修；横裂纹长度大于 100 mm 时报废。

（2）缺陷清除后允许存在深度不大于 4 mm 的局部凹陷，且凹陷处剩余壁厚大于图样规定的最小尺寸时，须磨修使凹陷与周围表面圆滑过渡。

（3）缺陷清除后存在单个面积不大于 20 cm^2、深度大于 4 mm 但不大于该处图样规定壁厚的 50%，或总面积不大于 100 cm^2 的凹陷时，焊修后可不进行回火或局部消除应力处理；超限时报废。

（4）缺陷清除后存在单个面积大于 20 cm^2 的贯通缺陷，或单个面积大于 50 cm^2、深度大于图样规定壁厚 50%的凹陷，或总面积大于 100 cm^2 的凹陷时报废。

（5）表面存在深度不大于 3 mm 的铲痕或刻痕，且剩余壁厚大于图样规定最小尺寸时磨修，使其与周围表面平滑过渡；铲痕或刻痕深度大于 3 mm 时报废。

（5）提出处理意见（书面）。

（6）填写处理加修单（报废时提出报废数据）。

（7）填写配件报废鉴定记录（见附件 4-2）。

附件 4-2 配件报废鉴定记录

序号	配件名称	铸造号				故障信息	报废/加修	备注
		规格型号	制造厂家	制造日期	铸造编号			
1								
2								
3								
4								
5								
6								

填表人：　　　　　　　　　　　　　日期：

三、配分及评分标准

职业（工种）名称：货车检车员　　　　　　试题编码：**623010201AAA00210901X**

考核项目：货车摇枕报废鉴定　　　　　　　等级：**高级技师**

员工编号：　　　　　姓名：　　　　　操作时间：　　　　　核分：

项目	配分	考核内容	评分标准（各项分值扣完为止）	扣分	得分
时间	10分	规定时间 20 min。	每超时 1 min 扣 1 分，不足 1 min 不计算。		
安全	10分	1. 着装符合规定，穿戴工作服、帽、手套。 2. 作业过程中不得碰破、出血、起泡。	1. 着装穿戴不符合规定扣 5 分。 2. 作业中轻微受伤扣 5 分。		
程序	20分	1. 准备工具，检查工具的技术状态。 2. 检查摇枕。 3. 根据检查、测量结果对照有关规程进行鉴定。 4. 测量裂纹并做好记录。 5. 填写相关报单。	1. 未按规定顺序作业或顺序颠倒，每次扣 5 分。 2. 工具使用不当，每次扣 3 分；工具损坏，每件扣 5 分。 3. 该检查、测量的部位未检查测量，每处扣 5 分。 4. 规程应用不当扣 5 分。 5. 完工后工具、材料未放回指定地点，每件扣 2 分。		
质量	60分	1. 裂纹尺寸测量准确，误差不超过 ±1 mm。 2. 根据鉴定检查情况，判定加修或报废。 3. 各部位检查全面，不漏检。 4. 鉴定意见填写正确。 5. 发现故障情况： 故障编号 / 1 / 2 / 3 表述正确 表述不正确	1. 尺寸测量误差不超过 ±1 mm，每超过 ±1 mm 扣 5 分；测量结果未做记录，每处扣 2 分。 2. 根据鉴定结果做出加修或报废的判定，判断错误扣 20 分。 3. 漏检查部位，每处扣 10 分。 4. 错误或涂改，每处扣 2 分；无处理意见或不准确扣 5 分。 5. 共设 3 处故障，每少发现一处扣 20 分。		
合计 100 分					
否决项目		1. 作业中因出现碰破、出血、起泡、挤肿等而不能正常作业时全项失格。 2. 作业时间超过规定时间 50% 全项失格。 3. 发现故障不足 60% 全项失格。			

高级考评员签字：＿＿＿＿＿＿＿＿＿＿＿　　　　　　　　＿＿＿＿年＿＿月＿＿日

第三节　车辆破损报废鉴定

职业（工种）名称：货车检车员　　　　　　试题编码：**623010201AAA00310901X**

考核项目：车辆破损报废鉴定　　　　　　　等级：**高级技师**

命题人：　　　　　　　　　　　　　　　审核人：

复核人（审定阶段）：

一、准备通知单

（一）材料准备

序号	名称	规格	数量	备注
1	货车车辆		1辆	
2	铁路交通事故调查处理规则		1本	2007版

（二）工具准备

序号	名称	规格	数量	备注
1	手电筒		1个	
2	钢卷尺	2 m	1个	
3	直钢尺	200 mm	1把	
4	检车锤		1把	
5	碳素笔、草稿纸		若干	

二、技能操作试题

（一）考核项目

车辆破损报废鉴定。

（二）分值

100分。

（三）考核时间

（1）准备时间：1 min。

（2）正式操作时间：20 min。

（3）规定时间内完成不扣分；每超过规定时间1 min扣1分，不足1 min不计算；作业时间超过规定时间50%全项失格。

（四）操作要求及技术标准

（1）在车辆端部设置安全防护信号。

（2）对车辆进行全面检查。

（3）货车报废破损条件。

① 货车报废条件。

• 需要更换中梁一根及切换另一根中梁。

• 需要更换中梁一根及底架上的枕、横梁的40%。

• 需要更换中梁一根及侧梁一根。

• 中梁截换长度之和达到1/2。

• 因事故底体架破损严重，确无修复价值（如钢质焊接结构车，底体架需解体1/2以上的）。

各梁更换条件：需截换全梁长度 25%以上；或补强板超过梁高 1/2，且各块补强板长度总和超过梁长的 25%。

② 车辆大破条件。

破损程度达到下列条件之一时出现：

· 中梁、侧梁、端梁、枕梁中出现任何一种弯曲或破损合计够二根（中梁每侧按一根计算）。

· 牵引梁折断二根，或折断一根加上述各梁弯曲或破损一根（贯通式中梁牵引部分按中梁算，非贯通式及无中梁的按牵引梁计算）。

· 货车车体（底架以上部分，以下同）破损或凹凸变形（不包括地板），敞车面积达 50%，棚车、冷藏车、罐车、守车面积达 30%。火灾或爆炸烧损计算车体面积时，应包括地板在内。0.8 m 以下低边车和平车发生火灾或爆炸烧损面积达 90%（包括端、侧板及地板）。

· 客车、机械冷藏车、发电车车体破损，需施修车棚橡子、侧梁、侧柱、通过台顶棚中梁、车棚内角柱、端柱之任何一项。

· 机械冷藏车、发电车、柴油机、发电机破损需要大修任何一项。

· 客车、发电车火灾或爆炸内部烧损需要修换的面积达 20 m²（包括顶、端、侧、地、门板及间隔板）。

③ 车辆中破条件。

破损程度达到下列条件之一时：

· 中梁、侧梁、端梁、枕梁中任何一根弯曲或破损。

· 牵引梁折断一根（牵引梁定义与大破相同）。

· 货车车体破损或凹凸变形（不包括地板），敞车面积达 25%，棚车、冷藏车、罐车、守车面积达 15%。火灾或爆炸烧损计算车体面积时，应包括地板在内。0.8 m 以下低边车和平车发生火灾或爆炸烧损面积达 50%（包括端、侧板及地板）。

· 转向架的侧架、摇枕、均衡梁或轮对破损需要更换任何一项。

· 机械冷藏车、发电车的冷冻机、柴油机、发电机破损需要段修任何一项。

· 客车、发电车火灾或爆炸内部烧损需要修换的面积达 10 m²（包括顶、端、侧、地、门板及间隔板）。

（4）提出处理意见（书面）。

（5）填写配件报废鉴定记录（见附件 4-3）。

附件 4-3　配件报废鉴定记录

序号	配件名称	铸造号				故障信息	报废/加修	备注
		规格型号	制造厂家	制造日期	铸造编号			
1								
2								
3								
4								
5								
6								

填表人：　　　　　　　　　　　　　　　日期：

三、配分及评分标准

职业（工种）名称：货车检车员   试题编码：623010201AAA00310901X

考核项目：车辆破损报废鉴定   等级：高级技师

员工编号：　　　　　姓名：　　　　　操作时间：　　　　　核分：

项目	配分	考核内容	评分标准（各项分值扣完为止）	扣分	得分
时间	10分	规定时间 20 min。	每超时 1 min 扣 1 分，不足 1 min 不计算。		
安全	10分	1. 着装符合规定，穿戴工作服、帽、手套。 2. 作业过程中不得碰破、出血、起泡。	1. 着装穿戴不符合规定扣 5 分。 2. 作业中轻微受伤扣 5 分。		
程序	20分	1. 准备工具，检查工具的技术状态。 2. 插设安全防护信号。 3. 对车辆进行全面检查。 4. 对腐蚀、破损部位进行测量。 5. 根据《铁路交通事故调查处理规则》的规定，确定车辆破损程度（中破、大破及报废）。 6. 根据鉴定结果提出书面处理意见。 7. 收工、量具。 8. 填写相关报单。	1. 安全防护信号未展开（卷起一圈即为未展开）、落地扣 2 分。 2. 未按规定顺序作业或顺序颠倒，每次扣 5 分。 3. 工具使用不当，每次扣 3 分；工具损坏，每件扣 5 分。 4. 需检查、测量、鉴定的部位未检查、测量、鉴定，每处（项）扣 5 分。 5. 完工后工具、材料未放回指定地点，每件扣 2 分。		
质量	60分	1. 数据测量正确无误。 2. 鉴定意见填写正确。 3. 发现故障情况： 故障编号：1 2 3 表述正确 表述不正确	1. 测量数据错误，每处扣 5 分。 2. 鉴定的部位测量、鉴定错误，每处（项）扣 10 分。 3. 错误或涂改，每处扣 2 分；无处理意见或不准确扣 5 分。 4. 共设 3 处故障，每少发现一处扣 20 分。		
合计 100 分					
否决项目		1. 作业中因出现碰破、出血、起泡、挤肿等而不能正常作业时全项失格。 2. 作业时间超过规定时间 50%全项失格。 3. 发现故障不足 60%全项失格。			

高级考评员签字：＿＿＿＿＿   ＿＿＿＿年＿＿月＿＿日

第四节　更换横跨梁

职业（工种）名称：货车检车员   试题编码：623010201AAA00410901X

考核项目：更换横跨梁   等级：高级技师

命题人：　　　　　　　　审核人：

复核人（审定阶段）：

一、准备通知单

（一）材料准备

序号	名称	规格	数量	备注
1	转 K2 新型敞车		1 辆	
2	横跨梁		1 根	
3	横跨梁定位螺栓		2 条	
4	开槽螺母	M16	若干	
5	圆开口销	4 mm×40 mm	若干	
6	弹簧垫圈	M16	若干	

（二）工具准备

序号	名称	规格	数量	备注
1	检车锤		1 把	
2	防护红旗	360 mm×500 mm	1 面	
3	活扳手	300 mm	2 把	

二、技能操作试题

（一）考核项目

更换横跨梁。

（二）分值

100 分。

（三）考核时间

（1）准备时间：1 min。

（2）正式操作时间：10 min。

（3）规定时间内完成不扣分；每超过规定时间 15 s 扣 1 分，不足 15 s 不计算；作业时间超过规定时间 50%全项失格；节约时间不加分。

（四）操作要求及技术标准

（1）在车辆端部设置安全防护信号。

（2）关闭截断塞门，拉动缓解阀拉杆排净副风缸余风，把排风装置卡于缓解阀拉杆与缓解阀拉杆吊架间，确保副风缸内无压力空气进入。

（3）卸下横跨梁两端定位螺栓。

（4）取下横跨梁。

（5）检查并更换新横跨梁。

（6）安装定位螺栓、开口销。

（7）检测触头间隙（KZW 型）。

（8）开启截断塞门，应将手把旋转至与组合式集尘器制动支管平行的位置，使截断塞门处于全开位状态。

（9）撤除车辆端部的安全防护信号。

三、配分及评分标准

职业（工种）名称：货车检车员　　　　　试题编码：623010201AAA00410901X
考核项目：更换横跨梁　　　　　　　　　等级：高级技师

员工编号：　　　　姓名：　　　　　操作时间：　　　　核分：

项目	配分	考核内容	评分标准（各项分值扣完为止）	扣分	得分
时间	20 分	规定时间 10 min。	每超时 15 s 扣 1 分，不足 15 s 不计算；节约时间不加分。		
安全	10 分	1. 着装符合规定，穿戴工作服、帽、手套。 2. 作业过程中不得碰破、出血、起泡、挤肿。	1. 着装穿戴不符合规定扣 5 分。 2. 作业中轻微受伤扣 5 分。 3. 忘撤安全防护信号扣 10 分；安全防护信号未展开（卷起一圈即为未展开）、落地扣 2 分。		
程序	30 分	1. 插设安全防护信号。 2. 卸下横跨梁两端定位螺栓。 3. 取下横跨梁。 4. 检查并更换新横跨梁。 5. 安装定位螺栓、开口销。 6. 检测触头间隙（KZW 型）。 7. 作业完毕后，工具撤出规定范围。 8. 工具、设备及零件无损坏或丢失。 9. 工具、旧料归位；撤除安全防护信号。	1. 安全防护信号未展开扣 5 分；安全防护信号落地后未重新插设扣 5 分。 2. 漏装定位螺栓开口销，每个扣 5 分。 3. 更换完毕未进行质量检查扣 5 分。 4. 过程紊乱，每次扣 2 分。 5. 工具损坏或丢失，每件扣 5 分。 6. 工具、配件未回收固定地点，每件扣 2 分。		
质量	40 分	1. 触头间隙须符合规定。 2. 定位螺栓间隙须符合要求。 3. 安装开口销并检查质量。 4. 横跨梁组装螺栓等级须为 4.8 级。 5. 横跨梁垫板总厚度为 0~12 mm，且须安装在尼龙磨耗板下面。 6. 调整垫圈数量不超过 3 个。	1. 开口销漏装，每个扣 20 分；未插入螺母的槽口、角度不符合要求，每个扣 5 分。 2. 定位螺栓间隙不符合标准，每个扣 10 分。 3. 调整垫板、磨耗板漏装，每个扣 10 分；装错扣 5 分。 4. 未确认横跨梁组装螺栓等级，每个扣 5 分。 5. 横跨梁垫板总厚度超过规定或安装错误扣 10 分。 6. 调整垫圈数量不符合规定扣 10 分。		
合计 100 分					
否决项目		1. 未插设安全防护信号便开始作业全项失格（包括作业中信号落地且在作业结束前未重新插设）。 2. 未关门、排风便开始作业全项失格。 3. 作业时间超过规定时间的 50% 全项失格。 4. 作业中因出现碰破、出血、起泡、挤肿等而不能正常作业时全项失格。			

高级考评员签字：＿＿＿＿＿＿　　　　　　　　　＿＿＿＿年＿＿月＿＿日

第五节　C_{64K} 型敞车段修落成检查

职业（工种）名称：货车检车员　　　　试题编码：623010201ABA00110901X
考核项目：C_{64K} 型敞车段修落成检查　　等级：高级技师
命题人：　　　　　　　　　　　　　审核人：
复核人（审定阶段）：

一、准备通知单

（一）材料准备

序号	名称	规格	数量	备注
1	C_{64K} 型敞车		1 辆	

（二）工具准备

序号	名称	规格	数量	备注
1	检点锤		1 把	
2	手电筒		1 个	
3	防护红旗	360 mm×500 mm	1 面	
4	标签读出器		1 个	

（三）样板、量具准备

序号	名称	规格	数量	备注
1	盒尺	3 m	1 把	
2	水平尺		1 把	
3	上旁承、下平面与下旁承滚子间隙塞尺	转 K2 型	1 把	
4	钩肩与冲击座间距量具		1 把	
5	钩提链松余量检测尺		1 把	
6	空重车自动调整装置试验垫板		1 块	

（四）其他准备

预设 10 处故障，其中假设故障 30%、实际故障 70%；设置故障部位及形式由考评员确定。

二、技能操作试题

（一）考核项目

C_{64K} 型敞车段修落成检查。

（二）分值

100 分。

（三）考核时间

（1）准备时间：1 min。

（2）正式操作时间：16 min。

（3）规定时间内完成不扣分；每超过规定时间 48 s 扣 1 分，不足 48 s 不扣分；作业时间超过规定时间 50%全项失格。

（四）操作要求及技术标准

1. 整车落成检查

（1）左脚迈进钢轨内侧。

① 目视：车钩、冲击座、钩提链（开钩框及拉伸弹簧）、车体端部（另一侧时检查钩提杆并检查车钩三态）。

② 锤敲：各部螺栓及螺母。

③ 检查顺序：钩头、钩颈、冲击座、端墙（C₈₀型敞车为各制动配件、端柱）、端梁、折角塞门（直端塞门）、编织制动软管总成、钩体托梁及磨耗板（车钩支撑座及支撑座弹簧）、钩体托梁螺栓及螺母（止挡铁螺栓及螺母、拉铆钉）、开口销。

（2）右脚跨入钢轨内侧蹲身。

① 目视：各部位及配件。

② 锤敲：各部螺栓及螺母。

③ 检查顺序：钩身→钩尾框→钩尾销（钩尾销托梁、安全托板）→钩尾销（钩尾销托梁、安全托板）螺栓及螺母、开口销→从板及座→缓冲器→钩尾框托板及螺栓、螺母→钩尾框后部→中梁牵引部→主管吊卡→主管→枕梁→地板。

（3）左脚横跨步探身。

① 锤敲、目视。

② 检查顺序：车轮内侧→侧架内侧→旁承→闸瓦托内侧→交叉杆安全锁（转 K4 型转向架为弹簧托板及挡板）→安全链→制动梁→内摇枕弹簧→摇枕→固定杠杆支点（C₈₀为连接杠杆）及圆销（帽）、开口销→固定杠杆（C₈₀型敞车为连接杠杆）及圆销（帽）、开口销→制动梁支柱及圆销（帽）、开口销→下拉杆及圆销（帽）、开口销→交叉杆（转 K4、转 K5 型转向架检查弹簧托板底部）→安全吊（无安全吊者检查安全索）→上、下心盘螺栓及螺母（拉铆钉）→旁承→侧架内侧→车轴→脱轨自动装置顶梁、拉环及阀体→车轮内侧→闸瓦托内侧→内摇枕弹簧→制动梁安全链→枕梁、地板、中梁牵引部→钩尾框→从板及座→缓冲器→钩尾框托板、安全托板、钩尾销托梁螺栓、螺母。

（4）低头转身，左脚迈出钢轨。（空步）

（5）右脚迈出钢轨面对角柱。

① 目视：先检查车体，然后下蹲检查走行部。

② 检查顺序：角柱→车体是否倾斜→车体是否外胀→侧梁是否下垂→轮缘→踏面→车轮外侧→滚动轴承后挡→侧架导框→密封罩→轴承外圈→承载鞍。

（6）左脚迈出车体外。（空步）

（7）右脚迈进，面对车侧。

检查顺序：侧墙→色票插→定检标记→侧架→承载鞍→滚动轴承密封罩→前盖及轴端螺栓→轴承外圈→承载鞍→挡键。

（8）左脚向前跨进一步。

（1）先看外部，然后从侧架上部探身，检查制动梁滑块。

（2）检查顺序：侧架→闸瓦与闸瓦插销→交叉杆支撑座及端头螺栓、防松垫止耳、轴向橡胶垫→车轮踏面→制动梁滑块→滚动轴承外圈。

（9）右脚跨进，面对摇枕。

检查顺序：摇枕端部→外摇枕弹簧→侧架→旁承→车门及折页→搭扣→车门轴圆销及开口销→侧板。

（10）左脚向前跨进探身。

检查顺序：侧架→自动空重车调整装置→闸瓦与闸瓦插销→车轮踏面→滚动轴承外圈。

（11）右脚跨进，面对轴承。

检查顺序：同第（7）步。

（12）左脚向前跨一步侧身。（空步）

（13）转身、右脚靠近钢轨外侧下蹲。

检查顺序：承载鞍→滚动轴承前盖、密封罩→侧架导框→滚动轴承后挡、密封罩→侧架导框→车轮外侧→踏面→轮缘。

（14）转身左脚跨进钢轨。

（15）右脚跟进一步，转身面向摇枕。

检查顺序：同第（3）步。

（16）右脚跨出钢轨，左脚跟出，第一个转向架到此检查完毕。以下为自由步，边走边检查。

检查顺序：车门及折页、搭扣→车门轴圆销及开口销→侧板→各杠杆、拉杆→各圆销、开口销→制动管系→截断塞门→远心集尘器→120阀→副风缸→缓解阀及拉杆→制动缸→间调器→空重车调整装置→手闸拉条及制动缸链→中部各梁及地板、浴盆。

（17）左脚靠近钢轨外侧，蹲身。

检查顺序：同第（13）步。

（18）左脚迈出车体。（空步）

（19）右脚迈进，面对车侧。

检查顺序：同第（7）步。

（20）左脚向前跨进一步。

检查顺序：同第（8）步。

（21）右脚跨进，面对摇枕。

检查顺序：同第（9）步。

（22）左脚向前跨进，探身。

检查顺序：同第（10）步。

（23）右脚跨进，面对轴承。

检查顺序：同第（11）步。

（24）左脚向前一步侧身。（空步）

（25）转身，右脚迈进，靠近钢轨外侧面，先蹲身，后站立。

检查顺序：轴承外圈→滚动轴承后挡→密封罩→车轮外侧→踏面→轮缘→提钩装置→人力制动机。

（26）打开下侧门，进入车内。

检查顺序：车体侧墙（上侧梁→侧墙板→侧柱连铁→侧柱加强板→侧柱加强座→撑杆及安装座）→另一侧墙→车体端墙（上端梁→端墙板）→地板→另一端墙。

整车落成检查步骤如图 4-3 所示。

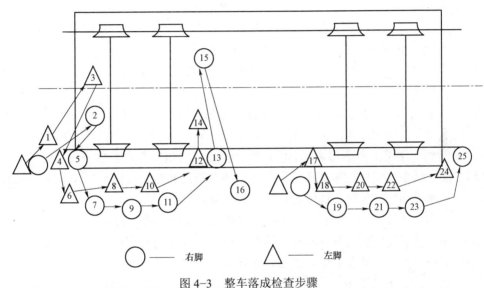

图 4-3　整车落成检查步骤

2. 准备工作

（1）作业人员从工具柜内取出本岗位所需的工具，检查各工具的配件是否齐全，技术状态是否良好，放至作业区域，摆放整齐。

（2）手电筒电量充足。

3. 综合要求

（1）整车落成应在符合要求的平直线路上进行检测。作业人员使用检点锤和手电筒，按照整车落成检查步骤的要求，绕车辆一周对各部位进行检查。检查完毕后，使用量具对各配合部位进行检测。

（2）实行寿命管理的配件须制造标记齐全，不超过寿命期限；各配件的检修标记须齐全、清晰、正位。

（3）使用标签读出器读取、确认卷标内存信息。标签技术状态须良好。

（4）各配件符合规定要求、位置安装正确为检修合格配件。各墙、板、柱须无裂纹、变形。各焊接部位焊接状态须良好，焊缝不开裂。各部螺栓、螺母符合规定，螺杆须露出螺母 1

扣以上且不得影响本零件及其他零件组装。有紧固力矩要求的须符合相应力矩规定。

（5）制动圆销连接须符合圆销改造要求。

（6）整车落成后需进行电焊作业时，严禁电流通过轴承，须将轮对与侧架分离，或架车后进行。制动装置组装需点焊作业时，可使用专用电焊回路并靠近施焊处，严禁用修车线路的钢轨作接地线。

（7）底体架新截换、新挖补、新补强部分和加热调修的底架、车体钢结构及铆接配件金属结合面，在组装前均须涂防锈漆或密封胶。除摩擦式减振器、非金属材料及特殊规定的部位外，摩擦、转动部分须涂润滑脂或润滑剂。车钩托梁、钩尾框托板、钩尾销、心盘、交叉支撑装置等的组装螺栓的螺纹处须涂黑铅粉油，管系螺纹处可使用聚四氟乙烯薄膜。

4. 车体检查

（1）车体修竣落成时，各种零部件须齐全，作用性能须良好。

（2）各种货车标记要按规定涂打齐全、准确、位正、清晰，并与卷标信息一致。

（3）车内应清扫干净，各门须关闭，并须扣搭良好。

（4）敞车中侧门下锁销连杆和座组装圆销与垫圈圆周满应焊固，垫圈与组装件须有 1～3 mm 的轴向间隙。

（5）敞车中侧门、下侧门组装圆销与垫圈焊波长度超过圆周 1/2，重新焊固组装圆销与垫圈时，垫圈与折页座间隙为 3～8 mm。

（6）检测同一端梁上平面与轨面的垂直距离，左、右相差不大于 20 mm。

检测方法：将平尺横放在车体端梁正下方，使钢卷尺起始端勾住平尺下平面，抽出钢卷尺拉至端梁与侧梁连接处外侧，读取数据，如图 4-4 所示。

（7）检测脚蹬下平面至轨面的垂直距离，该距离为 400～500 mm。

检测方法：将平尺横放在车体脚蹬正下方居中，使钢卷尺起始端勾住平尺下平面，抽出钢卷尺拉至脚蹬下平面，读取数据，如图 4-5 所示。

图 4-4　同一端梁上平面与轨面的垂直距离检测　　图 4-5　脚蹬下平面至轨面的垂直距离检测

（8）检测转 K2、转 K6 型转向架上旁承下平面与下旁承滚子间隙（见图 4-6）。上旁承下平面与下旁承滚子间隙为（5±1）mm。

检测方法：身体下蹲于滚子方向转向架三角孔外侧，一只手拿转 K2、转 K6 型转向架上旁承下平面与下旁承滚子间隙塞尺，由三角孔探向滚子的位置，另一只手拿手电筒，照亮滚子间隙的位置；目视上旁承下平面与下旁承滚子间隙，若使用 4 mm 厚的塞尺插入上旁承下平面与下旁承滚子间可以通过、使用 6 mm 厚的塞尺插入不可以通过，则该间隙合格。

（9）转 K2 型转向架下旁承调整垫板总厚度为 2～30 mm，转 K4 型转向架下旁承调整垫板总厚度为 2～25 mm，数量为 1～3 块。装用转 K4 型转向架的车辆，上、下旁承须接触，弹性旁承体与旁承体下部间距为（9±1）mm（见图 4-7）。

检测方法：身体下蹲于转向架侧架外侧，将转 K4 型转向架弹性旁承体与旁承体下部间距测量尺 8T 端或 10Z 端由侧架上方伸入，分别插入旁承体上部与旁承体下部之间，8T 端通过、10Z 端止住为合格。

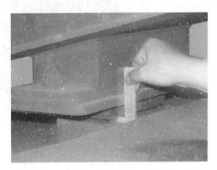

图 4-6　转 K2 型转向架上旁承下平面与下旁　　　图 4-7　转 K4 型转向架弹性旁承体
承滚子间隙检测　　　　　　　　　　　　与旁承体下部间距检测

（10）车钩中心线至轨面的垂直距离为（880±10）mm，同一车辆两车钩中心线高度差不大于 10 mm。

检测方法：作业人员站在两钢轨内侧，把钩舌推至闭锁状态，将机车车辆钩高测量尺平放在钢轨上，与车钩保持平行；抬起竖尺向上移动游框，游框测角顶住钩舌底面；游标对准竖尺刻线，读取数值（13 型车钩以红色线数值为准读取车钩高度，如图 4-8 所示。

图 4-8　钩高检测

5. 车钩缓冲装置检查

（1）13、13A、13B 型车钩上翘量和下垂量均不大于 5 mm（见图 4-9）。

检测方法：作业人员握住车钩上翘下垂测量尺的中上部，将车钩上翘下垂测量尺的 A 面贴挂在钩头正面上部，同时让 B 面、C 面与钩头正面上、下部贴靠，将测量尺向钩耳孔方向移动至 D 面贴靠为止，适当调整测量尺的摆尺，使摆尺自由摆动，当摆尺静止时，读取指针所指的摆尺刻度值，此数值即为车钩上翘量、下垂量的数值。

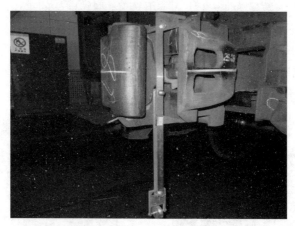

图 4-9　车钩上翘量和下垂量检测

（2）车钩缓冲装置组装时各金属部件摩擦面须涂润滑脂，型号应以设计为准，并须符合以下要求：

① 同一辆车的车钩、缓冲器型号均须一致，钩尾框型号须与车钩匹配，同一辆车上应安装相同型号的钩尾框（见表 4-1）。除以下情况外，现车装用的缓冲器型号须符合原结构要求：ST 型缓冲器可换装为 MT-3 型缓冲器；MT-2 型缓冲器可换装为 HM-1 或 HM-2 型缓冲器，HM-1 型缓冲器与 HM-2 型缓冲器可互换；装用 MT-3 型缓冲器时须配套装用凹槽形冲击座。

表 4-1　车钩缓冲装置型号匹配表

序号	车钩型号	钩尾框型号	缓冲器型号
1	16 型	16 型	MT-2 型、HM-1 型　HM-2 型、HN-1 型
2	17 型	17 型	MT-2 型、HM-1 型　HM-2 型、HN-1 型
3	13 型（普碳钢）	13 型 13A 型、13B 型	2 号、ST 型、MT-3 型
4	13 型（C 级钢）	13 型（C 级钢） 13A 型、13B 型	2 号、ST 型、MT-3 型
5	13A 型	13A 型、13B 型	ST 型、MT-3 型
6	13B 型	13A 型、13B 型	ST 型、MT-3 型

② 原设计装用 C 级钢、E 级钢车钩的铁路货车仍须装用 C 级钢、E 级钢车钩。

（3）装用非金属尼龙磨耗板时须符合以下要求：

① 配套装用车钩支撑座尼龙磨耗板时，已焊装金属磨耗板的车钩支撑座应按图样 QCH255-84-00-004 进行改造，清除棱角和毛刺。

② 钩体上无金属磨耗板凹槽及金属磨耗板、有金属磨耗板凹槽并带有金属磨耗板的 13B 型车钩，须配套装用符合图样 QCH199-84-00-001 的 13 系列车钩托梁尼龙磨耗板。

③ 下部无金属磨耗板的 13B 型钩尾框须配套装用符合图样 QCH194A-84-00-002A 的非

金属钩尾框托板磨耗板，不再焊装金属磨耗板。已焊装金属磨耗板的钩尾框托板，金属磨耗板须切除并加焊挡块，切除时不得伤及钩尾框托板并修磨平整。

（4）车钩托梁采用 M22 螺栓者须安装备母和 $\phi 5$ mm 的开口销，开口销须卷起。车钩弹性支撑装置分解检修后，组装止挡铁原为拉铆结构者仍须采用拉铆结构。

（5）从板或缓冲器与前、后从板座工作面，钩身与车钩托梁或支撑座，钩尾框与钩尾框托板须接触。

（6）钩尾端面与从板的间隙不大于 8 mm。

检测方法：调整车钩保持正位，作业人员在车钩缓冲装置下方呈下蹲姿势，将组合塞尺伸入钩尾端面和从板之间，量规止住位置的数值即为间隙宽度数值（见图 4-10）。

（7）从板与牵引梁两侧内侧面间隙之和不大于 22 mm。

检测方法：作业人员将组合塞尺伸入牵引梁磨耗板与从板一侧间隙间，塞尺止住处的数值即为间隙宽度；按照同样方法测量另一侧从板与牵引梁间隙宽度，测得的数值相加后不大于 22 mm 时合格（见图 4-11）。

图 4-10　钩尾端面与从板间隙检测　　　图 4-11　从板与牵引梁两侧内侧面间隙检测

（8）车钩两侧严禁碰撞冲击座内侧（缓冲器缩短销未断者除外）。

（9）检测车钩钩肩与冲击座间距。13 型车钩钩肩与冲击座间距须符合以下要求：检测前须核对缓冲器与冲击座型号是否匹配；MT-3 型缓冲器装用时，钩肩与冲击座间距为 91^{+10}_{-5} mm；ST 型缓冲器装用时，钩肩与冲击座间距为 76 mm，不符时可采用凹槽形冲击座，采用凹槽形冲击座时钩肩与冲击座间距须大于 76 mm。

检测方法：作业人员站在车钩一侧，将钩肩与冲击座间距量具的 A 部与冲击座端面贴靠，B 部与钩肩上平面贴靠，量具的游尺与钩肩贴靠后测尺数值为钩肩与冲击座的间距，如图 4-12 所示。

（10）13、13A、13B 型车钩组装后钩身上平面与冲击座间距不小于 10 mm。

检测方法：作业人员将钩肩与冲击座间距量具 10T 端伸入测量位置，通过时合格，如图 4-13 所示。

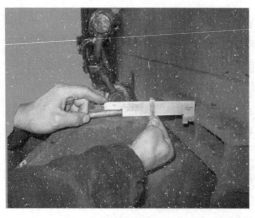

图 4-12　13 型车钩钩肩与冲击座间距检测　　　图 4-13　13 型车钩钩身上平面与冲击座间距检测

（11）装用圆形孔钩提杆座时上作用车钩钩提杆左、右横动量均为 30～50 mm。

检测方法：作业人员搬动车钩，使车钩纵向中心与车体纵向中心重合，移动钩提杆使锁销孔纵向中心与钩提杆头部纵向中心重合，使用钢卷尺测量上作用车钩钩提杆左、右横动量，二者均应为 30～50 mm，如图 4-14 所示。

（12）上作用车钩提钩链松余量为 45～55 mm。

检测方法：作业人员将钩体与钩体托梁接触，使钩提杆头部纵向中心与上锁销孔纵向中心重合，提钩链处于自由状态；将检测尺对零位，拧紧固定测尺紧固螺钉；将两磁铁吸在上、下两个马蹄环圆销中心，拧紧测量尺紧固螺钉，松开固定测尺紧固螺钉；再将提钩链处于拉直状态，测量尺与固定测尺接触处的刻线数值即为钩提杆链松余量，如图 4-15 所示。

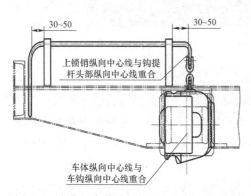

图 4-14　上作用车钩钩提杆左、右横动量检测　　　图 4-15　上作用车钩提钩链松余量检测

（13）钩提杆弯曲部位与手制动轴托上、下部及水平距离均须大于 20 mm。

（14）上作用车钩闭锁位置钩锁移动量为 3～11 mm。

检测方法：作业人员使车钩处于闭锁位，将 13 型钩锁托具搭接在下锁销钩转轴上，向上托起钩锁至极限位置，并使钩锁腿贴靠下锁销孔后壁，不得开锁，同时将 13 型车钩组装间隙塞尺的 3T 端和 11Z 端分别插入钩锁与钩舌钩锁承台之间（见图 4-16），3T 端通过、11Z 端止住，即表明车钩防跳性能良好。

图 4-16　上作用车钩闭锁位置车钩钩锁移动量检测

车钩组装后三态作用须良好。13A、13B 型车钩闭锁位钩舌与钩腕内侧距离≤127 mm（见图 4-17），13A、13B 型车钩全开位钩舌与钩腕内侧距离≤242 mm（见图 4-18）。

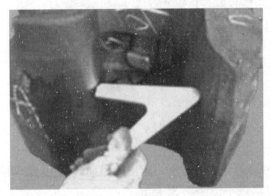

图 4-17　13A、13B 型车钩闭锁位钩舌与钩腕内侧距离检测

图 4-18　13A、13B 型车钩全开位钩舌与钩腕内侧距离检测

（16）钩尾框托板、钩尾销托梁、安全托板螺母须采用新品 FS 型或 BY 型防松螺母，安装开口销，并配套使用强度符合 GB/T 3098.1—2010 规定的 10.9 级，精度等级符合 GB/T 9145—2003 中 6g 要求的螺栓，螺栓头部须有等级 G10.9、制造厂代号、制造年份标记。装用 BY 型防松螺母时，须安装重型弹簧垫圈。

6. 转向架检查

（1）转向架组装时须符合以下要求：

① 转向架检修后须装回原车，不得互换。除特殊设计者外，同一辆车装用转向架须为同一型号。

② 同一辆车不得装用异型车轴。

③ 摇枕、减振弹簧正位，须落入弹簧定位脐及挡边内，不得卡阻。

④ 除另有规定外，装用双作用弹性旁承的铁路货车，同一辆车 4 个弹性旁承组成的安装须同侧同向，同一转向架反向。

（2）整车落成时须符合以下要求：

① 上心盘、心盘磨耗盘、下心盘须匹配。

② 上、下心盘之间的螺栓与铆钉垂直相对距离不小于 5 mm。

检测方法：作业人员将组合塞尺 5 mm 处插入上、下心盘之间的螺栓与铆钉之间，通过时合格，不能通过时为不合格，如图 4-19 所示。

③ 上心盘底座平面与下心盘立棱间距不小于 3 mm。

检测方法：作业人员将组合塞尺 3 mm 处插入上心盘底座平面与下心盘立棱之间，通过时合格，不能通过时为不合格，如图 4-20 所示。

图 4-19　上、下心盘之间的螺栓与　　　　图 4-20　上心盘底座平面与下心盘立棱间距检测
　　　　　　铆钉垂直相对距离检测

④ 中心销须落入下心盘座孔内，上心盘、心盘磨耗盘须正位、落实。

（3）整车落成后，转向架须符合以下要求：

① 斜楔主摩擦面与侧架立柱磨耗板须接触良好，严禁有垂直方向的贯通间隙，局部间隙不大于 2 mm，横向间隙以 2 mm×10 mm 塞尺测量不得深入 50 mm。

检测方法：作业人员弯腰俯视检测部位，用斜楔立面与侧架立柱磨耗板间隙塞尺（2 mm×10 mm）横向插入斜楔主摩擦面与侧架立柱磨耗板垂直方向局部间隙处，插入量超过 50 mm 时超限，如图 4-21 所示。

图 4-21　斜楔主摩擦面与侧架立柱磨耗板垂直方向间隙检测

② 转向架其他簧下配件与底架相对部位垂直距离不小于 45 mm。

检测方法：在空车状态下，作业人员使用钢卷尺测量簧下配件与枕梁下盖板的最短距离。

（4）整车落成后，横跨梁须符合以下要求：

① 横跨梁垫板总厚度为 0～12 mm，不得超过 2 块，且应安装在尼龙磨耗板的下面。达不到要求时，可在横跨梁触板上焊装材质为 0Cr18Ni9 的触板，转 K2、K4 型转向架横跨梁触板规格为 175 mm×5 mm×（5～20）mm，数量不超过 2 块，两长边满焊。

② 横跨梁组装螺栓垂直移动量为 3～5 mm（见图 4-22），调整垫圈数量不超过 3 个。

检测方法：作业人员呈下蹲姿势，将组合塞尺插入螺栓头部下平面与横跨梁螺栓孔衬套上平面间，3 mm 进去、5 mm 止住为合格。

③ 测重机构触头中心应位于以触板中心为圆心、半径 20 mm 的圆周范围内。

④ 横跨梁与转向架移动杠杆及上拉杆的距离不小于 6 mm。

检测方法：在空车状态下用横跨梁与枕梁下盖板距离检测量规 6T 端插入横跨梁与转向架移动杠杆及上拉杆之间，通过时合格，如图 4-23 所示。

图 4-22　横跨梁组装螺栓垂直移动量检测

图 4-23　横跨梁与转向架移动杠杆及
上拉杆距离检测

⑤ 在空车状态下，横跨梁与车体枕梁下盖板的距离不小于 60 mm。

检测方法：在空车状态下，用横跨梁与枕梁下盖板距离检测量规 60T 端插入横跨梁与车体枕梁下盖板之间，通过时合格。

⑥ 人力制动机拉杆及托与摇枕、固定支点、牵引梁间须有间隙。

7. 制动装置检查

（1）同一货车上装用的制动梁、闸瓦型式须一致，须装用 120 型空气制动机、密封式或半密封式制动缸。

（2）圆销或螺栓上的开口销双向劈开的角度不小于 60°，手制动轴上、下端及手制动轴链羊眼螺栓的开口销及各扁开口销安装后要劈开卷起。

（3）阀及缸类零部件安装要正位、牢固。缸与吊座间、制动管与吊座间原设计是木垫者要更换为尼龙垫或短纤维增强橡胶垫；原车装用尼龙垫者要使用尼龙垫。

（4）储风缸采用圆钢 U 形吊和短纤维增强橡胶垫或尼龙垫安装的，要安装备母；采用螺栓安装的，要安装弹簧垫圈。阀类和储风缸安装螺栓应由上向下装入（无安装空间者除外），在长圆孔侧加平垫圈。

（5）C$_{62AK}$、C$_{62BK}$、C$_{64K}$、C$_{64H}$ 型敞车要装用总长为 715 mm 的编织制动软管总成和球芯直端塞门。编织制动软管总成与软管吊链组成连接后，软管连接器的最下端距轨面的距离不小于 120 mm。

（6）制动装置各塞门处于开通位，单车试验结果符合规定。制动阀、安全阀、空重车调整阀须安装防盗装置或具备自防盗功能。

（7）对人力制动机进行作用试验。制动状态时，链式手制动装置的手制动轴链卷入量为 0.5～2 圈，脚踏式制动机链卷入量为 0.5～1 圈。装用 FSW 型或 NSW 型手制动机的货车空车处于全缓解位时，前制动杠杆与手制动拉杆之间链条的松余量不小于 30 mm。制动机缓解时各闸瓦不得抱紧车轮。

（8）车辆落成及检查完毕后，填写《货车检修记录单》（车统-22B-1，见附件 4-4），并由相关人员签章。

C/JL-HCJX-413

车统-22B-1

附件 4-4 货车检修记录单

修车日期： 年 月 日 车间代号： 台位： 预检员： 入线次数：

			预检记录				
标记	车种车型车号			载重		t	自 重	t
	罐车容积表		特殊标记	容积		m³	换 长	
配件型号	人力制动机	固定链条、折叠、掣轮、脚踏、FSW、NSW、水平轮式、旋转式	阀型	120、120-1 103、GK	钩型	1 位：13、13A、13B、16、17、牵引杆 2 位：13、13A、13B、16、17、牵引杆		
	制动缸	密封式、密封缸盖、普通、旋压式、其他	直径	356 254 305 203	闸瓦间隙调整器	ST1-600 ST2-250		
	空重调整型号	KZW-4、KZW-4G、TWG-1、KZW-6、KZW-A、手动	缓冲器	1 位：	2 位：			
前次定检时间及单位		厂修（大修）		段修（全面检查修）		辅修（重点检查修）		
装用配件								
开工时间		日 时 分		修竣时间		日 时 分		
		检 修 记 录						

部位	编号	发现主要故障/程度/比例	施修方法	工作者	工长	检查员
底架	1	中梁 牵引梁 枕梁 裂纹 腐蚀 1 位 2 位				
	2	侧梁 端梁裂纹 腐蚀 1 位 2 位				
	3	上心盘裂损 磨耗 1 位 2 位				
	4	从板座故障 1 位 2 位 前、后				
	5	横梁裂纹 腐蚀 位				
	6	标签丢失 损坏				
	7					
	8					
	9					
	10					
	11					
车体	1	角柱 侧柱裂损 位				
	2	上端 侧梁裂损 位				
	3	中侧门丢失 个破损 个				
	4	小侧门丢失 个破损 个				
	5	车体腐蚀透锈				
	6	侧柱连铁腐蚀、破损 m				
	7	地板破损、腐蚀 m²				

部位	编号	发现主要故障/程度/比例	施修方法	工作者	工长	检查员
车体	8	标记	重新涂打			
	9					
	10					
	11					
	12					
	13					
	14					
	15					
	16					
	17					
	18					
制动	1	闸瓦间隙调整器作用不良　大修到期				
	2	人力制动机作用不良				
	3	人力制动机试验				
	4	单车试验				
	5					
	6					
	7					
	8					

加装改造	改 120 阀		改集装箱锁头		圆销改造			
	改 K2 转向架		装空重车阀		更换锻钢尾框			

落成记录

配件型号编号	GK		103　　120　　120-1			闸瓦间隙调整器型号		
	三通阀编号		主阀编号		紧急阀编号	ST1-600		
						ST2-250		
	车钩型号	1 位		2 位	缓冲器型号	1 位		2 位
	车钩编号				缓冲器编号			

交验人	检查员		车间主任		检修段长		验收员	
附记								

三、配分及评分标准

职业（工种）名称：货车检车员　　　　试题编码：623010201ABA00110901X

考核项目：C$_{64K}$型敞车段修落成检查　　等级：高级技师

员工编号：　　　　姓名：　　　　操作时间：　　　　核分：

项目	配分	考核内容	评分标准（各项分值扣完为止）	扣分	得分
时间	10分	规定时间16 min。	每超时48 s扣1分，不足48 s不计算。		
安全	10分	1. 着装符合规定，穿戴工作服、帽、手套。 2. 作业过程中不得碰破、出血、起泡、挤肿。	1. 着装穿戴不符合规定扣5分。 2. 作业中轻微受伤扣5分。		
程序及质量	30分	1. 插设安全防护信号；检查样板、量具校验日期及工具状态；核对现车车种、车型、车号、技术性能标记；核对定检标记是否相符、涂打是否正确；用标签读出器读车辆标签，核对与现车是否相符。	1. 安全防护信号未展开扣3分。 2. 未检查样板、量具校验日期及工具状态，每件扣1分。 3. 未按要求进行核对，每处扣2分。		
		2. 用样板、量具检测以下项目： （1）脚蹬下平面与轨面的垂直距离为400～500 mm。 （2）上旁承下平面与下旁承滚子间隙为（5±1）mm。 （3）钩肩与冲击座的间隙为91$^{+10}_{-5}$ mm。 （4）车钩钩身上平面与冲击座的距离不小于10 mm。 （5）车钩提钩链松余量为45～55 mm。 （6）触头与横跨梁触板的间隙为2～4 mm。	1. 未用量具检测，每处扣3分。 2. 量具使用不规范、口述限度错误，每处扣2分。 3. 样板、量具脱落，每件扣2分。		
		3. 检查标准： （1）从车辆一位端的2位开始，按照段修落成标准检查到车辆一位端的1位。 （2）人力制动机作用试验。制动试验：拧紧手制动机后检查闸瓦是否贴靠车轮踏面；缓解试验：松开手制动机，手（脚）推动制动缸前杠杆后检查闸瓦与车轮踏面之间是否有间隙。制动、缓解作用试验时绕车一周检查闸瓦与车轮踏面状态（人力制动机试验时可测量尺寸、核对标记、检查车内状态，不按重复检查计算）。 （3）手试风缸堵、排风口、折角塞门锁紧帽状态，不得用检点锤敲击。 （4）进行车钩三态作用试验。 （5）检查完毕，收拾工、量具及样板并放至指定地点后，撤除安全防护信号。	1. 未进行制动机试验扣10分；制动时闸瓦未贴靠车轮踏面、缓解时闸瓦与车轮踏面无间隙，每处扣2分；未推动制动缸前杠杆缓解扣3分；未松开手制动机扣5分。 2. 检点锤敲击代替手试，每处扣2分。 3. 试验车钩三态作用，每少试验一项三态作用扣2分。 4. 工具、样板、量具、红旗未放回指定地点，每件减2分。		

项目	配分	考核内容										评分标准（各项分值扣完为止）	扣分	得分
故障发现	50分	故障编号	1	2	3	4	5	6	7	8	9	10	1. 少发现一处故障扣5分。 2. 发现但表述不准确扣3分。 3. 重复检查并发现故障不计。		
		表述正确													
		表述不正确													

合计 100分					

否决项目	1. 作业中因出现碰破、出血、起泡、挤肿等而不能正常作业时全项失格。 2. 作业时间超过规定时间50%全项失格。 3. 发现故障不足60%全项失格。

高级考评员签字：＿＿＿＿＿＿　　　　　　　＿＿＿＿年＿＿月＿＿日

第六节　轮对选配

职业（工种）名称：货车检车员　　　　试题编码：**623010201ABA00210901X**

核项目：轮对选配　　　　　　　　　　等级：高级技师

命题人：　　　　　　　　　　　　　　审核人：

复核人（审定阶段）：

一、准备通知单

（一）材料准备

序号	名称	规格	数量	备注
1	通用货车	C$_{64}$型或 C$_{70}$型	1辆	
2	良好轮对		若干	
3	各型轮对		4条	
3	车统-51C 卡片		若干	附轮对信息
4	碳素笔、草稿纸		若干	

（二）工具准备

序号	名称	规格	数量	备注
1	检查锤		1把	
2	手电筒		1个	
3	车轮直径检查尺		1把	
4	轮对内侧距离检查尺		1把	
5	第四种检查器	LLJ-4A 或 LLJ-4B	1把	
6	游标卡尺		1把	
7	防护红旗	360 mm×500 mm	1面	

二、技能操作试题

（一）考核项目

轮对选配。

（二）分值

100 分。

（三）考核时间

（1）准备时间：1 min。

（2）正式操作时间：30 min。

（3）规定时间内完成不扣分；每超过规定时间 90 s 扣 1 分，不足 90 s 不计算；作业时间超过规定时间 50%全项失格。

（四）操作要求及技术标准

（1）在需要更换轮对的车辆端部插设安全防护信号。

（2）确认需要更换的轮对。

（3）使用车轮直径检查尺测量车辆其他轮对各车轮直径并记录，使用车轮直径检查尺测量良好轮对各车轮直径并记录，根据现车轮径选配良好轮对。

① 选配轮轴时，轮轴左端须装在车辆的奇数位。

② 同一车辆不得装用异型车轴，如 RE_2 型车轴不得与 RD_2 型车轴混装。同一转向架不允许混装不同型号的轮对，如 RE_{2B} 型轮对不得与 RE_{2A} 型轮对混装。

③ 车轮直径应符合要求：同一转向架最大与最小车轮直径差，装用交叉支撑装置及运行速度为 120 km/h 的车辆不大于 15 mm，装用其他型式转向架的车辆不大于 20 mm；同一车辆最大与最小车轮直径差，装用交叉支撑装置及运行速度为 120 km/h 的车辆不大于 30 mm，装用其他型式转向架的车辆不大于 40 mm。

（4）测量已选好良好轮对的各部尺寸。

① 使用第四种检查器测量车轮踏面圆周磨耗、轮缘厚度、轮辋厚度、轮辋宽度。

② 用游标卡尺测量轴身直径，车轴轴身允许比原型轴身公称尺寸（RD_2 型车轴轴身原型直径尺寸为 174 mm；RE_{2B} 型车轴轴身原型直径尺寸 184^{+2}_{0} mm）的减少量≤4 mm。

③ 用轮对内侧距离检查尺测量轮轴内距，轮辋宽 127～135 mm 者，轮轴内侧距离为 1 354～1 359 mm；轮辋宽 135 mm 及以上者，轮轴内侧距离为 1 350～1 356 mm；轮轴内侧距离三处最大差≤3 mm。

（5）按要求填写轮轴卡片［车统-51C（见附件 4-5），支出部分］。

（6）转动轴承进行检查，查看有无卡滞、裂纹、锈蚀、剥离等，并检查记录标志板内容。

（7）撤除安全防护信号。

附件 4–5　轮轴卡片　　　　　　　　　　　　　　GN/CL-DJ-505

车统-51C

No.

收入基本情况	收入单位：			收入日期：　　年　月　日		来源代码：	
	收入原因：		收入车种车型车号：		收入轴位：	送轮单位：	
	轴号：		轴型及材质：		轮型及材质：		
	车轴制造：　　年　月				单位：		
	轮对首次组装：　　年　月　日				单位：		
	轮对末次组装：　　年　月　日				单位：		
	车轮	是否带辐板孔	左：		右：		
		标记	左：		右：		

项　目		收入尺寸		支出尺寸	
		左	右	左	右
车轴	轴身直径				
车轮	直径				
	踏面磨耗				
	轮辋厚				
	轮缘厚				
	轮辋宽				
	轮对内侧距	1：	2：	3：　　内侧距最大差	
轮对	故障情况				
	施修范围	送厂　　旋面　　超探		检查者	
	修程	一级修　　二级修　　三级修			

滚动轴承	轴承型号	左：	右：
	项目	左	右
	轴端标志板内容	A： B： C： D：	A： B： C： D：
	施封状态	有　　标记：良好/不良　　无	有　　标记：良好/不良　　无
	轴向游隙		
	外观状态		
	开盖原因		
	退卸原因		
	退卸日期		
	退卸轴承编号		
	新造	工厂：　　日期：	工厂：　　日期：
	大修	工厂：　　日期：	工厂：　　日期：
	修程	报废　　送厂大修　　一般检修	报废　　送厂大修　　一般检修
	检查者	左：　　右：	开盖者　左：　　右：

车统-51C 背面

探伤	磁粉探伤者	轴身		车轴超声波探伤者	穿透		初探	左：	右：
		左颈					复探	左：	右：
		右颈			轮座		初探	左：	右：
		左轮					复探	左：	右：
		右轮			轴颈根部（卸荷槽）		初探	左：	右：
							复探	左：	右：

旋修		踏面旋修者左		踏面旋修者右	

	项　目		1	2	平均值	直径平均值	圆柱度
轴颈直径	左	Ⅰ					
		Ⅱ					
	右	Ⅰ					
		Ⅱ					
防尘板座直径	左	Ⅲ			直径平均值	圆　度	
	右	Ⅲ					

	项　目	左			右		
轴承压装	轴承型号						
	新造轴承	单位：	日期：	编号：	单位：	日期：	编号：
	大修轴承	单位：	日期：	编号：	单位：	日期：	编号：
	一般检修轴承	单位：	日期：	编号：	单位：	日期：	编号：
	轴承内径平均值						
	密封座内径	1：	2：		1：	2：	
	后挡 内　径						
	后挡 圆　度						
	过盈量 轴承与轴颈						
	过盈量 密封座与轴颈	1：	2：		1：	2：	
	过盈量 后挡与防尘板座						
	最大压装压力/kN						
	终止贴合压力/kN						
	压装后轴向游隙						
	新标志板内容	A：			A：		
		B：			B：		
		C：			C：		
		D：			D：		
	施封标记						
	标志板刻打者						
	轴承磨合试验 环温/℃						
	轴承磨合试验 最高温/℃						
	轴承磨合试验 温升/K						

左	选配者	压装者	关盖者	磨合者	右	选配者	压装者	关盖者	磨合者

竣工	竣工日期	竣工状态	确认竣工者	工长	质检员	验收员

支出	支出单位：		支出日期：　　年　月　日		
	支出处所	车种车型：	车号：	轴位：	修程：
	检查者：	工长：	质检员：	验收员：	

记事	

三、配分及评分标准

职业（工种）名称：货车检车员　　　　　试题编码：**623010201ABA00210901X**
考核项目：轮对选配　　　　　　　　　　等级：高级技师

员工编号：　　　　　姓名：　　　　　操作时间：　　　　　核分：

项目	配分	考核内容	评分标准（各项分值扣完为止）	扣分	得分
时间	10分	规定时间 30 min。	每超时 90 s 扣 1 分，不足 90 s 不计算。		
安全	10分	1. 着装符合规定，穿戴工作服、帽、手套。 2. 作业过程中不得碰破、出血、起泡。	1. 着装穿戴不符合规定扣 5 分。 2. 作业中轻微受伤扣 5 分。		
流程	20分	1. 插设安全防护信号。 2. 根据现车需要选择轮对。 3. 选用良好轮对；测量轮对各部尺寸，按要求填写轮轴卡片［车统-51C（见附件 4-5），支出部分］。 4. 转动轴承进行检查，记录标志板内容。 5. 量具归位。 6. 撤除安全防护信号。	1. 未按规定顺序作业或顺序颠倒，每次扣 5 分。 2. 工具使用不当，每次扣 3 分；工具损坏，每件扣 5 分。 3. 完工后工具、材料未放回指定地点，每件扣 5 分。		
作业质量	60分	1. 现车定检：厂_____段_____辅_____ 2. 现车轮径：1_____2_____3_____ 3. 标志板内容： 　　左　　　　　　　右 A:_____　　　　A:_____ B:_____　　　　B:_____ C:_____　　　　C:_____ D:_____　　　　D:_____ 施封锁：良好 不良　施封锁：良好 不良 5. 轮对尺寸：左_____右_____ 轮径_____ 踏面磨耗_____ 轮缘厚度_____ 轮辋厚度_____ 轮辋宽度_____ 踏面碾宽_____ 轴中央直径_____ 内侧距离最大差_____ 6. 同一车辆不得装用异型车轴，同一转向架不允许混装不同型号的轮对。 7. 车轮直径应符合要求：同一转向架最大与最小车轮直径差，装用交叉支撑装置及运行速度为 120 km/h 的车辆不大于 15 mm，装用其他型式转向架的车辆不大于 20 mm；同一车辆最大与最小车轮直径差，装用交叉支撑装置及运行速度为 120 km/h 的车辆不大于 30 mm，装用其他型式转向架的车辆不大于 40 mm。 8. 轮轴卡片［车统-51C（见附件 4-5），支出部分］填写正确。 9. 轴承外观良好，无卡滞、锈蚀、剥离。	1. 车辆资料错填或模糊不清，每项扣 4 分。 2. 车轮直径、轮对内距、轴中央直径误差不超过 ±0.5 mm，超过 ±0.5 mm 时扣 5 分，超过 ±1 mm 时扣 10 分，超过 ±2 mm 时不给分。 3. 轮缘厚度、轮辋厚度、踏面圆周磨耗、踏面碾宽的测量数值超过实际尺寸 ±0.3 mm 扣 4 分；轮辋宽度测量数值超过实际尺寸 ±2 mm 扣 4 分。 4. 选配轮对直径不符合现车要求，每项扣 10 分。 5. 轮轴卡片［车统-51C（见附件 4-5），支出部分］错填或模糊不清，每项扣 4 分。 6. 未检查轴承外观扣 4 分；未转动检查轴承卡滞扣 5 分。 7. 未检查量具技术状态、校验日期扣 5 分；损坏检查器扣 10 分。		
合计 100 分					
否决项目		1. 作业中因出现碰破、出血、起泡、挤肿等而不能正常作业时全项失格。 2. 作业时间超过规定时间 50% 全项失格。 3. 漏填或左右填写颠倒全项失格。			

高级考评员签字：_____　　　　　　　　　　　_____年___月___日

第七节　制作内十字配合

职业（工种）名称：货车检车员　　　　试题编码：**623010201ACA00110901X**
考核项目：制作内十字配合　　　　　　等级：**高级技师**
命题人：　　　　　　　　　　　　　　审核人：
复核人（审定阶段）：

一、准备通知单

（一）材料准备

序号	名称	材质及代号	规格	数量	备注
1	钢板	45 钢	42 mm×42 mm×4 mm	1 块	
2	钢板	45 钢	82 mm×82 mm×4 mm	1 块	

（二）工具、设备准备

序号	名称	规格	精度	数量	备注
1	高度游标卡尺	0～300 mm	0.02 mm	1 把	
2	游标卡尺	0～150 mm	0.02 mm	1 把	
4	塞尺	0.02～2 mm	0.02 mm	1 把	
5	钳口			1 副	
6	直钢尺	150 mm		1 把	
7	錾子	自定		自定	
8	拐尺	100 mm×63 mm	1 级	1 把	
9	铆锤			1 把	
10	样冲			1 把	
11	划针			1 支	
12	手锯、锯条	300 mm		自定	
13	锉刀	粗、中、细		自定	
14	组锉			1 组	
15	台钻	ϕ2～13 mm	2 级	1 台	
16	台桌、台钳	≥125 mm		1 套	

（三）考场准备

（1）保证考场照明。

（2）台桌上设备状态良好，备有小平板块。

（四）考生准备

按规定穿戴劳动保护用品，可自带钳工工具。

二、技能操作试题

（一）考核项目

制作内十字配合。

（二）分值

100 分。

（三）考核时间

（1）准备时间：2 min。

（2）正式操作时间：180 min。节约时间不加分。

（四）操作要求及作业标准

（1）以件 1 为基准配件 2，件 1 应能从任意方位镶入件 2，各配合面的间隙不大于 0.04 mm。

（2）试件各处平行度、垂直度、对称度均为 0.05 mm。

（3）不准用样板划线。

（4）试件不准碾打。

三、考核要求

（1）掌握钳工基本操作及划线、钻孔、锉研等基本技能。

（2）掌握工卡量具的使用、维护、保养方法。

（3）掌握钳工安全操作规程。

四、内十字配合图示

内十字配合图示见图 4-26。

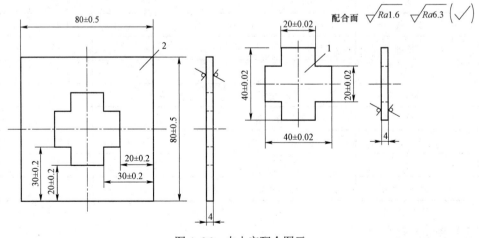

图 4-26　内十字配合图示

五、配分及评分标准

职业（工种）名称：货车检车员　　　　　试题编码：623010201ACA00110901X
考核项目：制作内十字配合　　　　　　　等级：高级技师

员工编号：　　　　姓名：　　　　操作时间：　　　　核分：

序号	考核内容	配分	评分记录	扣分	得分
1	（40±0.02）mm（2 处），超差无分	1×2 分			
2	（20±0.02）mm（4 处），超差无分	1×4 分			
3	平行度 0.05 mm（4 处），超差无分	2×4 分			
4	对称度 0.05 mm（2 处），超差无分	1.5×2 分			
5	垂直度 0.05（12 处），超差无分	1.5×12 分			
6	配合间隙≤0.04 mm（12 处），塞尺不通过，超差无分	1.5×12 分			
7	Ra1.6（24 处），超差无分	0.5×24 分			
8	Ra6.3（4 处），超差无分	0.5×4 分			
9	（80±0.5）mm（2 处），超差无分	0.5×2 分			
10	（30±0.2）mm（2 处），超差无分	0.5×2 分			
11	（20±0.2）mm（2 处），超差无分	0.5×2 分			
12	正确使用工具	10 分			
13	正确使用设备	5 分			
14	工具设备维护	5 分			
15	安全文明生产	5 分			
16	工时定额 180 min，提前不加分，到时收件	5 分			
合　计		100 分			
否决项目	若考生发生下列情况之一，则应及时终止其考试，成绩记为 0 分。 1. 发生作弊行为。 2. 作业中因出现碰破、出血、起泡、挤肿等而不能正常作业时全项失格。 3. 不能镶嵌（各方向及反面）。				

高级考评员签字：＿＿＿＿＿＿＿＿＿　　　　　　　＿＿＿＿年＿＿月＿＿日